Informationssicherheit basierend auf ISO 27001-Strategien

Eine Einführung für Führungskräfte in die Informationssicherheit in der Dienstleistungs-, Bildungs- und verarbeitenden Industrie

Christian Bartsch

1ste Deutsche Ausgabe 2024

Revision 03/2026

ACATO BOOKS

ACATO BOOKS

USA | UK | EU | Canada | Australia
India | Mexico | Brazil | Japan

ACATO Books is part of ACATO GmbH
whose addresses can be found at acato.de

First published in English by ACATO Books in 2023
First published in German by ACATO Books in 2024
First published in ACATO Books in 2023

ISBN: 979-8-3213-4257-2 Softcover (Deutsch)
ASIN: B0CZHN3L6D Kindle Edition (Deutsch)

ISBN: 979-8-8651-4150-1 Softcover (Englisch)
ISBN: 979-8-2763-4049-4 Softcover (Spanisch)
ISBN: 979-8-2544-6278-1 Softcover (Französisch)

Copyright © 2023-2026 Christian Bartsch

Alle Rechte vorbehalten. Kein Teil dieses Buches darf ohne vorherige schriftliche Genehmigung des Herausgebers reproduziert, in einem Datenabfragesystem gespeichert oder in irgendeiner Form oder mit irgendwelchen Mitteln – elektronisch, mechanisch, durch Fotokopie, Aufzeichnung, Scannen oder auf andere Weise – übertragen werden, mit Ausnahme kurzer Zitate in kritischen Rezensionen oder Artikeln.

Publisher's DISCLAIMER

Alle in diesem Buch abgedruckten Internetadressen, Telefonnummern oder Firmen- oder Produktinformationen dienen als Ressource und stellen in keiner Weise eine Empfehlung von ACATO Books dar oder implizieren diese. Ebenso wenig bürgt ACATO Books für die Existenz, den Inhalt oder die Dienste dieser Websites, Telefonnummern, Firmen oder Produkte über die Lebensdauer dieses Buches hinaus. Es wurden alle angemessenen Anstrengungen unternommen, um das geistige Eigentum einzigartiger Konzepte anderer korrekt zuzuordnen. Jede in diesem Buch erwähnte Person wurde vom Autor kontaktiert, um ihre Zitate, Konzepte oder Informationen genehmigen zu lassen.

Revision-No. 1.04 ENG / 2025-03-31 – 17:58

1 EINFÜHRUNG 4
2 WARUM IST ISO 27001 WICHTIG FÜR IHRE BRANCHE? 7
2.1 Was ist ISO 27001? 7
2.2 Wie entsteht daraus ein Wettbewerbsvorteil? 9
3 DER WAHRE CHARAKTER DER ISO 27001 14
3.1 Anforderungen der ISO 27001 Norm 15
3.2 Der ISO 27001 Zertifizierungsprozess 17
4 VORBEREITUNG AUF ISO 27001 26
4.1 Gap Analyse 26
4.2 Compliance Roadmap 32
5 ISO 27001 IM EIGENEN UNTERNEHMEN UMSETZEN 37
5.1 Entwerfen und implementieren Ihrer Richtlinien und Verfahren 38
5.2 Implementieren von technischen Kontrollmaßnahmen 38
5.3 Implementieren organisatorischer Maßnahmen 39
5.4 Überwachung und kontinuierliche Verbesserung 42
6 VORBEREITUNG AUF DAS ISO 27001 AUDIT 44
6.1 Prüfungsrisiken eines ausgereiften ISMS 45
6.2 Den ISO 27001 Audit Scope verstehen 46
6.3 Auf das Audit vorbereiten 47
6.4 Typische Herausforderungen und Fallstricke 51
7 WIE DAS ISO 27001 AUDIT ERFOLGEN WIRD 53
7.1 Das Auditierungsverfahren verstehen 53
7.2 Kernaspekte während des Audits 69
7.3 Typische Herausforderungen und Fallstricke vermeiden .. 70
8 BRANCHENSPEZIFISCHE HINWEISE 78
8.1 ISO 27001 in der Luftfahrtindustrie 78
8.2 ISO 27001 in Bildung & Erziehung 79
8.3 ISO 27001 in der IT Branche 80
8.4 ISO27001 in der verarbeitenden Industrie 82
8.5 ISO 27001 in der Dienstleistungsbranche 82
9 MEHR AUS DIESEM BUCH HERAUSHOLEN 85
9.1 Wie man Hilfe bekommen kann 87
9.2 Autorenprofil 88
9.3 Literaturverweise 90
9.4 Andere Bücher von Christian Bartsch 91

1 Einführung

Die Informationstechnologiebranche war einer der treibenden Kräfte von Initiativen zum Informationssicherheitsmanagement. Schließlich übernahmen auch andere Branchen einen ähnlichen Ansatz zur **Kontrolle und Verbesserung** der Informationssicherheit und der Cybersicherheit. Aus diesem Grund ist es für mittlere und große Unternehmen so wichtig, über eine ISO 27001-Zertifizierung zu verfügen, auch wenn Sie noch keine ISO 9001-Zertifizierung erworben haben.

Da die Welt der **Dienstleistungen, Bildung und Fertigung** immer digitaler wird, ist es notwendig, das in den Informationen gespeicherte geistige Eigentum zu schützen, die Unternehmen mit ihren Lieferanten und Partnern teilen. Dies erstreckt sich auch auf Komponenten, die digital hochintegriert sind.

Daher wurde **ISO 27001** schließlich zum wichtigsten Informationssicherheitsstandard. Wenn Sie mit ISO 27001 noch nicht vertraut sind, kennen Sie möglicherweise die Norm **ISO 9001**, die sich auf das Qualitätsmanagement bezieht. Die aktualisierte Veröffentlichung des ISO 27001-Standards im Jahr 2022 unterstreicht nun die Bedeutung von Datenschutz und Cybersicherheit.

An diesem Punkt sollte Ihr Verstand beginnen, sich die folgenden Fragen zu stellen:

- Warum sollte mein Unternehmen eine ISO27001-Zertifizierung erreichen?
- Wann muss mein Unternehmen ein ISO27001-Projekt starten?
- Wie können wir ein nachhaltiges Ergebnis erzielen?

Seien wir ehrlich: Es kann ziemlich frustrierend sein, einen Umsatzrückgang zu sehen, nur weil Ihr Unternehmen nicht die Mühe gemacht hat, sich nach ISO 27001 zertifizieren zu lassen oder überhaupt eine Zertifizierung für ein **Qualitätsmanagementsystem** (kurz: QMS) zu erreichen.

Lassen Sie mich Ihnen nun auf informative und hoffentlich auch nützliche Weise zeigen, wie Sie sich **auf ein ISO27001-Audit vorbereiten**. Wenn Sie dieser schnellen Einführung in die Informationssicherheit in Ihrer Branche folgen, werden Sie bessere Ergebnisse für die Zukunft Ihres Unternehmens erzielen.

Aus persönlicher Erfahrung in der Dienstleistungs- und Fertigungsbranche weiß ich, wie komplex und herausfordernd die Geschäftsabwicklung für Lieferanten mit großen Kunden ist. Auch der Bildungssektor muss ein QMS und ISMS auf Basis der globalen ISO-Standards implementieren. Dies betrifft auch kleine Ausbildungsstätten, die eine staatlich geförderte Berufsausbildung anbieten.

Heute bin ich in einer Vielzahl von Dienstleistungs-, Bildungs- und Fertigungsbranchen tätig, seit ich bei einer Risikoinvestitionsgesellschaft tätig bin. Dies ermöglichte mir schließlich, meine Erfahrung in die Verbesserung der Informationssicherheit einzubringen, indem ich an normenbezogenen Prüfungsprojekten (ISO 9001, ISO 27001, AZAV) arbeitete.

Aktuell berate ich Unternehmen dabei, wie sie ihre ISMS-Dokumentation für die Zertifizierung vorbereiten. Meine Kunden sind KMU, europäische Beteiligungen und technologieorientierte Hersteller.

Da ich auch im Bereich <u>Auditierung</u> tätig bin, verstehe ich, was große Zertifizierungsstellen von einem konformen **Informationssicherheits-Managementsystem (ISMS)** erwarten. TISAX und ISO 27001 können einen <u>erheblichen Druck</u> auf eine Organisation ausüben, wenn das Projekt aufgebläht wird. Ich möchte, dass Sie nicht auf nutzlose Kurse, <u>überteuerte Ratschläge</u> und <u>veraltete Vorlagen</u> stoßen, die Sie dazu zwingen, gegen Ihr Bauchgefühl zu handeln.

Ihr

Christian Bartsch

PS: Wenn Sie Ratschläge zu … erhalten möchten, zögern Sie nicht, mich unter zu kontaktieren c.bartsch@acato.de.

Benötigen Sie vor dem Tag weitere strategische Erkenntnisse?

Holen Sie sich das Strategiebuch: **books.meetchrisbartsch.com**

Vertrauen Sie mir: Es lohnt sich, jetzt *Mind Feeding* zu betreiben!

Übrigens, finden Sie auch informative Videos zu ISO 27001 auf dieser deutsch-sprachigen Website: **acato.de**

2 Warum ist ISO 27001 wichtig für Ihre Branche?

In den folgenden Abschnitten beantworte ich für Sie folgende Fragen:

- Warum sollte es mich als Führungskraft interessieren?
- Wie kann mir ISO 27001 kurz und einfach erklärt werden?
- Welche Auswirkungen wird es auf meinen Erfolg haben?
- Wo werde ich Schmerzen empfinden, wenn ich ISO 27001 ignoriere?
- Was kann getan werden?

Wie Sie bemerken, führen Sie die oben genannten Fragen schrittweise dazu, die Auswirkungen von ISO 27001 zu verstehen und zu erfahren, wie Sie ISO 27001 am besten angehen, damit Sie keine negativen Auswirkungen erleiden müssen. Wenn Sie aufgrund von ISO 27001 unvorhergesehenen Stress erleben, könnte dies ein Zeichen dafür sein, dass Sie die positiven Chancen nicht nutzen.

2.1 Was ist ISO 27001?

Lassen Sie mich Ihnen ISO 27001 kompakt und verständlich vorstellen:

Die Abkürzung „ISMS" steht für **Information Security Management System**.

ISO 27001 wird von einer Vielzahl von Branchen verwendet, um einen Standard zu erreichen, der das Management der Informationssicherheit von Unternehmen regelt, die Lieferanten oder Joint-Venture-Partner werden könnten.

Daher ist ISO 27001 ein **Rahmenwerk** für das Informationssicherheitsmanagement. Durch die Einigung auf ISO 27001 als gemeinsamen Bewertungs- und Bewertungsrahmen hat die Weltgemeinschaft die Anerkennung von Unternehmen **vereinfacht**, die sich um den Schutz **sensibler** und **persönlicher** Daten bemühen. Dadurch entsteht für Kunden, Partner, Lieferanten und Behörden weniger Arbeitsaufwand bei der Demonstration ihres Engagements im Bereich Informationssicherheit.

Vor der Einführung von ISO 27001 hatten alle großen Informationsverarbeitungsorganisationen sehr unterschiedliche Vorstellungen davon, wie das Management der Informationssicherheit gehandhabt werden sollte. Dies belastete Unternehmen, die sehr unterschiedliche Dokumentationen benötigten, um die **Vorschriften** jedes wichtigen Kunden oder jeder Regierungsbehörde zu erfüllen.

Mit der Einführung von ISO 27001 könnten sich Unternehmen aller Branchen stärker auf einen gemeinsamen Standard konzentrieren, der auf den Erkenntnissen früherer Datenlecks und **Skandale** entwickelt wurde.

Da Informationen zunehmend zu einem digital vernetzten Vermögenswert für den Wettbewerbsvorteil eines Unternehmens werden, stellen **Cyberangriffe ein erhebliches** betriebliches **Risiko** dar. Es ist bekannt, dass sich Hacker Zugang zu den Netzwerken von **Herstellern, Universitäten, Spieleplattformen** und großen **Telekommunikationsorganisationen** verschafft haben. Bei diesen Ereignissen griffen Hacker auf Verbraucherdaten, vertrauliche Design-, Forschungs- und Betriebsdaten zu.

Der digitale **Diebstahl von Geschäftsgeheimnissen** stellt eine erhebliche Bedrohung für die westlichen Industriezweige dar. ISO 27001 versucht, diesen erheblichen Bedrohungen zu begegnen und auch innerhalb dieser Organisationen ein größeres Bewusstsein zu schaffen.

Unternehmen, die die Anforderungen der ISO 27001 erfüllen, können **Vertrauen** bei ihren Kunden, Partnern und Lieferanten aufbauen. Regierungen sind sich zunehmend der **Cyberrisiken** bewusst, die in ihren lebenswichtigen Sektoren drohen, da Behörden, Unternehmen und Verbraucher zunehmend in einer digitalen Umgebung miteinander interagieren.

Hacker, Cyberterroristen und digitale Kriegsführung können die **Gesellschaft** und die **Wirtschaft eines Landes stören**.

2.2 Wie entsteht daraus ein Wettbewerbsvorteil?

ISO 27001 wird von Organisationen genutzt, um ihre Informationssicherheit und **Cyber-Resilienz zu verbessern** und Cyber-Bedrohungen nachhaltiger zu bewältigen. Dadurch werden Organisationen auf die aktuellen Cyber-Risiken und den potenziellen existenziellen Schaden aufmerksam, den ein Verstoß verursachen könnte. Nicht nur die Fertigung kann gestört werden, sondern es können auch unvorhergesehene **digitale Produktrisiken** entstehen, wenn Angreifer den Herstellungsprozess absichtlich manipulieren.

Dieses Bekenntnis zu ISO 27001 ermöglicht es Unternehmen, ihr volles Engagement für die Gewährleistung eines akzeptablen Niveaus an Informationssicherheit zum Schutz aller Beteiligten zum Ausdruck zu bringen. Daher wird ein Unternehmen mit ISO 27001-Implementierung als **vertrauenswürdiger Geschäftspartner** wahrgenommen.

Große Hersteller implementieren eine Just-in-Time- und Lean-Management-Strategie. Eine Sicherheitsverletzung bei einem Lieferanten kann die **gesamte Lieferkette lahmlegen** und Millionen pro Tag kosten, da die Produktion schmerzhaft zum Erliegen kommt. Ein Unternehmen, das ISO 27001 anwendet, wird nicht in der Lage sein, jede <u>Sicherheitsverletzung zu verhindern</u>, aber es wird alles getan haben, was man von ihm erwarten kann, um zu verhindern, dass es anderen Schaden zufügt.

Daher legt **ISO 27001 Best Practices** für die Verwaltung der Informationssicherheit, die Erleichterung der **Zusammenarbeit** und den Aufbau von Vertrauen zwischen Unternehmen aller Art (z. B. Lieferanten, Hersteller, Designer, Forschungsinstitute, Personalvermittler und Bildungsträger) fest.

Die Einhaltung der ISO 27001 erhöht die Attraktivität eines Unternehmens als Geschäftspartner. Indem sie ein **hohes Maß an Informationssicherheit nachweisen** können, werden sie ihre Geschäftsmöglichkeiten erweitern. Große Hersteller werden eher bereit sein, ihre Angebote gegenüber denen nicht konformer Lieferanten zu bevorzugen. Diese Compliance wird zu einem **Wettbewerbsvorteil** beim <u>Eintritt in neue Märkte</u> und bei <u>langfristigen Liefervereinbarungen</u>.

Große Hersteller sind ständig auf der Suche nach Lieferanten in allen Bereichen und Ländern, da die Technologie rasant voranschreitet. Sich für ein bestimmtes Teil nur auf einen Lieferanten zu verlassen, kann für eine große Marke zum <u>Stolperstein</u> werden. Ähnliche Beispiele gibt es in der Krise um Airbag- und Bremsenhersteller ausländischer Automobilhersteller. Eine solche Krise kann zu einem **geringen Vertrauensniveau bei Behörden** und Kunden führen.

Die verarbeitende Industrie ist es gewohnt, viele von vielen Ländern auferlegte Vorschriften einzuhalten, die allein aufgrund einer Anforderung, die auf einer veralteten Ideologie im Bewusstsein des politischen Establishments beruht, zusätzliche Kosten verursachen.

Durch die effiziente Nutzung von ISO 27001 können sie auch besser für die **Erfüllung regulatorischer Anforderungen** gerüstet sein. In den USA gelten in jedem Bundesstaat unterschiedliche Gesetze in Bezug auf Verkauf, Informationssicherheit und Besteuerung, die sich auf Hersteller und ihre Händlernetze auswirken. In Europa können ähnliche nationale Besonderheiten zusätzliche Komplexitätsprobleme verursachen, obwohl die Europäische Union Standardvorschriften wie die **DSGVO** eingeführt hat.

Die Investition in ISO 27001 hilft ihnen, den zuständigen Behörden zu beweisen, dass sie die notwendigen Schritte zum **Schutz sensibler Daten** unternehmen. Daher halten sie sich an Gesetze und Vorschriften.

Lassen Sie mich zusammenfassen, was ISO 27001 für Sie leistet:

- Hilft bei der Bewältigung von Risiken und der Verbesserung der Sicherheit
- Etabliert Unternehmen als vertrauenswürdige Partner
- Compliance steigert Wettbewerbsvorteile
- Erfüllen Sie gesetzliche und behördliche Anforderungen

Große Hersteller profitieren von ISO 27001, da sie dadurch eine **zuverlässige und vertrauenswürdige Lieferkette** aufbauen können. Regierungen erwarten zunehmend, dass soziale Medien, ITC-bezogene Unternehmen und Bildungsträger ISO 9001 und ISO 27001 implementieren.

Der Vorteil des Strebens nach dieser Zertifizierung besteht darin, dass das **Sicherheitsniveau der Organisation weiter gestärkt** wird.

Da Informationssicherheit nicht nur technische und organisatorische Maßnahmen zur **ordnungsgemäßen Umsetzung erfordert**, muss auch der menschliche Einfluss auf die Sicherheit berücksichtigt werden. Der Mensch braucht Zeit, um sich an Veränderungen anzupassen und die **neuen Arbeitsweisen** zu einer natürlichen Gewohnheit zu machen. Nach der ersten Einführung eines ISMS werden Organisationen typischerweise auf gewisse Widerstände stoßen. Es braucht Zeit, um Bewusstsein zu schaffen und ein ehrliches Engagement für einen neuen Standard zu entwickeln.

Der ISO 27001-Standard setzt hohe Erwartungen. Dies führt zur Implementierung ausgefeilter Sicherheitskontrollen (z. B. kontinuierliche Überwachung, Schwachstellenmanagement, Penetrationstests usw.).

Nach Abschluss des Audits erhält die Organisation einen **detaillierten Bericht**. Aufgrund der Intensität des Audits werden durch das Feedback des Auditors weitere Erkenntnisse gewonnen. Der größere Umfang der Bewertungen stellt eine größere Belastung für die Organisation dar, da von ihr erwartet wird, dass sie einen höheren Grad an Konformität mit der Norm ISO 27001 nachweisen.

Die externen Audits (auch Zertifizierungsaudit genannt) müssen von **unabhängigen Auditoren** durchgeführt werden. Sie sind nach dem Standard geschult und zertifiziert. Diese Audits sind sehr detailliert und **unparteiisch**, um Unternehmen bei der Verbesserung ihrer Sicherheit zu unterstützen. Dadurch können sie sensible Daten und Systeme besser schützen. Durch die Anwendung des ISO 27001-Frameworks erhalten Unternehmen Zugang zu seinen Werkzeugen und Anleitungen. Auf diese Weise können sie ein effektives ISMS implementieren.

3 Der wahre Charakter der ISO 27001

ISO 27001 ist als skalierbares und flexibles Framework konzipiert, das an alle Arten von Organisationen angepasst werden kann. Dies ermöglicht es **kleinen und großen Unternehmen**, ISO 27001 passend zu ihren individuellen Besonderheiten umzusetzen.

Nach Abschluss des Audits **übermittelt der Auditor** den Bericht an die Zertifizierungsstelle. Sobald diese Dokumentation von der Zertifizierungsstelle genehmigt wurde, wird das Zertifikat in deren Verifizierungsdatenbank veröffentlicht, die über den Zertifikatscode abgefragt werden kann. Um auditiert zu werden, muss Ihr Unternehmen bei einer Zertifizierungsstelle eine ISO 27001-Zertifizierung beantragen.

Als Zertifizierungsstelle würde eine Zertifizierungsgesellschaft (*z. B. BSI, DNV, SGS, TÜV Nord, TÜV Süd, Zurich Engineering*) fungieren. Im Gegensatz dazu könnte ein Komponentenhersteller seine ISMS-Dokumentation seinem kritischen Unternehmenskunden zur Verfügung stellen. Dies liegt daran, dass einige große Hersteller ihre Lieferanten häufig mit eigenen Auditteams bewerten. In diesem Fall agieren sie in beiden Rollen, da sie irgendwann auch beurteilt werden.

Die IAF vereint als Internationales Akkreditierungsforum alle nationalen Akkreditierungsstellen. Um einen globalen Standard aufrechtzuerhalten, arbeitet IAF mit seinen Mitgliedern daran, ein gemeinsames Verständnis dafür zu finden, wie Organisationen gemäß einem bestimmten Standard bewertet werden. Die Akkreditierungsstellen (z. B. ANAB, DAkkS, RvA, UKAS) **überwachen und regeln** die Aktivitäten der akkreditierten Zertifizierungsstellen. Jede nationale Akkreditierungsstelle überwacht die Qualität der Zertifizierungsprozesse sowie die Auditergebnisse.

Die Zertifizierungsstellen benennen Auditoren und entsenden diese zu den zu zertifizierenden Organisationen. Auditoren können von der Zertifizierungsstelle **erst dann ernannt** werden, wenn sie durch eine Einarbeitungszeit (Traineezeit) und ein Monitoring-Gespräch umfassend in den Auditprozess eingeführt wurden.

Damit Akkreditierungsstellen eine transparente Governance durchsetzen können, legen sie Regeln fest, die dazu beitragen, die Verwendung **gefälschter Zertifikate** bei Geschäftstransaktionen zu verhindern, bei denen sie ein wichtiges Kriterium für die geschäftliche Zusammenarbeit darstellen.

Die Kontrollfunktion wird durch eine **Vertragsstruktur** geschützt, bei der Akkreditierungsstellen Verträge mit den Prüfdienstleistern abschließen. Dadurch wird sichergestellt, dass die Ergebnisse der **gewünschten Objektivität und Qualität** entsprechen. Die Rechte und Pflichten aller Beteiligten – ob klein oder groß – werden respektiert.

3.1 Anforderungen der ISO 27001 Norm

Gemäß der Norm ISO 27001 wird von Organisationen erwartet, dass sie ein umfassendes Informationssicherheits-Managementsystem (ISMS) implementieren. Das ISMS muss alle Aspekte der Cybersicherheit, des Risikomanagements, des Vorfallmanagements und der Zugriffskontrolle umfassen.

Im Hinblick auf das Risikomanagement sollten Organisationen einen Risikomanagementprozess pflegen, der eine <u>regelmäßige Bewertung</u> ihrer Cybersicherheit sowie die Identifizierung und Verwaltung von Risiken in einer sich schnell verändernden Welt gewährleistet. Durch die Implementierung eines Prozesses für das **Vorfallmanagement** können Unternehmen <u>widerstandsfähiger</u> auf Bedrohungen reagieren. Sie erlangen die Fähigkeit, Vorfälle zu erkennen und darauf zu reagieren. Die **Geschäftskontinuität** hängt in hohem Maße von ihrer Fähigkeit ab, den Betrieb nach einem Vorfall wiederherzustellen.

Compliance-konforme Organisationen sollten ein Datenschutzniveau durchsetzen, das die Implementierung von **Sicherheitskontrollen** erfordert, um **personenbezogene Daten** (z. B. Kundendaten, Mitarbeiterdaten) <u>vor unbefugtem Zugriff</u>, **Manipulation** und **Missbrauch** zu schützen. Die wirksame Umsetzung technischer und organisatorischer Maßnahmen ist eine gültige Anforderung der ISO 27001. Diese Maßnahmen sollen die **Vertraulichkeit, Integrität und Verfügbarkeit** der Daten gewährleisten. Dies geht in Richtung der Erfüllung der Anforderungen der Datenschutzgesetze (z. B. BDSG) und damit zusammenhängender Vorschriften (z. B. DSGVO).

Daher sind die wichtigsten Punkte:
- Risikomanagement
- Vorfallmanagement
- Schutz der Privatsphäre

Um **nach ISO 27001 zertifiziert** zu werden, muss eine Organisation die <u>Anforderungen der Norm umsetzen</u>. Prüfer prüfen die ISMS-**Dokumentation** und eine **Vielzahl von Aufzeichnungen**, um den tatsächlichen Grad der Compliance einer Organisation zu bewerten.

3.2 Der ISO 27001 Zertifizierungsprozess

Beim ISO 27001-Audit verfolgen die entsandten Auditoren einen umfassenden und systematischen Ansatz. Prüfer folgen einem strukturierten Prozess, bei dem sie bewerten, ob die **Dokumentation eine tatsächliche Übernahme des Standards widerspiegelt** oder eine vorgetäuschte Einhaltung darstellt. Die meisten Berufsverbände verfügen über die finanziellen und organisatorischen Ressourcen, um ISO 27001 ernst zu nehmen.

Der Vorteil eines solchen Audits liegt in einer Reihe wichtiger Erkenntnisse, die dazu beitragen, die **Informationssicherheit eines Unternehmens zu verbessern**. Daher muss die Vorbereitung auf das Audit aus dem Engagement des Managements und der Unterstützung der gesamten Belegschaft bestehen.
Diese Unterstützung muss über die Unternehmensgrenzen hinausgehen, da einige Lieferanten (z. B. Personalvermittler, ausgelagerte Rechenzentren, Frachtdienste) einen entscheidenden Einfluss auf den Erfolg einer fortlaufenden ISO 27001-Konformität haben können.

Diese Schlüsselpunkte müssen erreicht werden, bevor die Vorbereitungsphase abgeschlossen ist:

- Verstehen Sie die Anforderungen des Standards
- Verstehen Sie den Umfang des Audits
- Planen Sie die ISMS-Implementierung

Diese Schlüsselpunkte müssen erreicht werden, bevor die **Implementierungsphase** abgeschlossen ist:

- Schreiben Sie alle relevanten ISMS-Dokumente
- Richtlinien, Verfahren und Prozesse entwickeln

- Sammeln Sie alle relevanten Betriebsinformationen
- Bewerten Sie potenzielle Schwachstellen und beheben Sie sie
- Personal schulen (inkl. Sensibilisierungsschulungen)
- Kommunizieren Sie den Mitarbeitern die nächste Phase

Diese Schritte finden während der **Auditphase** statt:

- Fordern Sie bei der Zertifizierungsstelle ein Zertifizierungsaudit an
- Auswertung der Schlüsseldokumentation (ISMS)
- Überprüfung von Richtlinien, Verfahren und Prozessen
- Vor-Ort-Audits, um Nachweise für eine wirksame Umsetzung zu sammeln
- Behebung festgestellter Mängel
- Anpassung von Sicherheitsmaßnahmen zur Lösung von Problemen
- Nachweis der korrigierenden Behebung von Schwachstellen

Diese Schritte finden während der **Zertifizierungsphase** statt:

- Der Auditor legt der Zertifizierungsstelle einen Bericht und relevante Nachweise über den bewerteten Grad der Konformität vor.
- Die Zertifizierungsstelle prüft die eingereichten Unterlagen und die Zertifizierungsempfehlung des Auditors
- Die Zertifizierungsstelle genehmigt die Zertifizierung und stellt das ISO 27001-Zertifikat aus

3.2.1 Wer führt das ISO 27001 Audit durch?

Nur **akkreditierte Zertifizierungsstellen** dürfen Audits durchführen, auf deren Grundlage ein Zertifikat ausgestellt wird. Dieses <u>Audit-Abschlussdokument</u> bestätigt die Konformität des Informationssicherheits-Managementsystems der Organisation in Bezug auf den Standard.

Folgende Organisationen sind Beispiele für akkreditierte Zertifizierungsstellen:

- Deutschland: TÜV Süd, TÜV Nord, DEKRA
- Frankreich: SGS
- Niederlande: Mazars, SISCERT, FACTOCERT, CERTVALUE
- Vereinigtes Königreich: BSI, INSPEC, ...
- USA: ISA, AEA, DLS, Schellman, ISOQAR

Eine regionale Liste der Zertifizierungsstellen finden Sie auf dieser Website:

https://acato.de/iso-27001-zertifizierungsstellen/

Daher erhalten Organisationen Anerkennung für ihre herausragenden Initiativen zur Gewährleistung eines gewissen Maßes an Informationssicherheit.

3.2.2 Arten von ISO 27001 Audits

Basierend auf dem gewählten Standard und dem Risikoprofil der Organisation muss eine Zertifizierungsstelle einen grundlegenden Parametersatz entwickeln, um die erforderlichen Auditressourcen festzulegen.

Unternehmen in der Fertigung verfügen über Anlagen, die zu Unfällen, Verletzungen oder Umweltverschmutzung führen können. Diese Organisationen weisen ein **hohes Risiko** auf. Wenn ihre Produkte Unfälle, Verletzungen oder Umweltverschmutzung verursachen können, fügen sie der **allgemeinen Risikoeinstufung** auch ein gewisses Risiko hinzu. Zertifizierungsstellen müssen dies berücksichtigen.

Im Gegensatz dazu weisen Unternehmen ohne lebensbedrohliche Risiken für Mitarbeiter und Kunden ein **geringeres Risikoprofil** auf. Zertifizierungsstellen könnten zu dem Schluss kommen, dass ein Audit nicht so langwierig sein muss wie in einem produzierenden Unternehmen.

Beide Beispiele gelten für potenziell gefährliche Situationen in Geschäftsumgebungen nach ISO 9001 (*Qualitätsmanagement*) und ISO 27001 (*Informationssicherheit*). Wie Sie in den vorherigen Abschnitten erfahren haben, umfasst Informationssicherheit alle **digitalen Daten** (z. B. in Datenbanken) und **physischen Daten** (z. B. in Papierakten). Wenn vertrauliche Informationen in die falschen Hände geraten, können sie auch zu einem lebensbedrohlichen Risiko werden.

ISO 19011:2018 bietet diese Arten von Audits an:

- Vor-Ort-Audit
- Remote-Audit

Vor-Ort (On-Site) Audit

In vielen Situationen entsenden Zertifizierungsstellen einen Auditor oder ein Auditteam zum Standort eines Kunden. Abhängig vom Umfang der Prüfungsarbeit benötigt man eine **bestimmte Anzahl von Prüfern vor Ort**, die von einem leitenden Prüfer (*auch Lead Auditor genannt*) geleitet werden. Dies ist ein üblicher Ansatz für alle ISO-Standards (z. B. ISO 9001, ISO 14001 usw.).

Wie bereits erwähnt, hat jede Organisation ihr eigenes Risikoprofil, das die **Anzahl der Audittage** und die **Komplexität der Stichprobe** beeinflusst. Dies ist auch ein wichtiger Aspekt, wenn es darum geht, ein Vor-Ort-Audit mit einem Remote-Audit zu kombinieren.

Alle Audits bestehen aus Stufe 1 und Stufe 2. In **Stufe 1** prüft der leitende Prüfer die vom Kunden eingereichte ISMS-Dokumentation. Basierend auf seinen Erkenntnissen wird er eine Checkliste entwickeln, die ihn und seine Co-Auditoren durch Stufe 2 führt. Stufe 1 wird normalerweise ohne Interaktion mit der geprüften Stelle durchgeführt. Abhängig vom Vertragsverhältnis des Auditors (*Angestellter oder Freiberufler*) mit der Zertifizierungsstelle prüft der Auditor die Dokumentation in seinem Büro am Standort der Zertifizierungsstelle oder in seinen eigenen Räumlichkeiten (die nicht zur Zertifizierungsstelle gehören).

Während wir uns **Stufe 2** nähern, wird der leitende Prüfer einen **Termin** mit dem geprüften Unternehmen **vereinbaren** und eine vorläufige Liste der Dokumente bereitstellen, die sein Prüfungsteam in den Räumlichkeiten des geprüften Unternehmens prüfen möchte.

Unternehmen mit einem **mittleren bis hohen Risiko** sollten in der Regel <u>nicht aus der Ferne geprüft</u> werden, es sei denn, es handelt sich um eine kleine Außeneinheit des Unternehmens, bei der Prüfer keine begründete Notwendigkeit haben, weite Strecken zurückzulegen (z. B. 12-stündige Flüge), nur um ein <u>zweistündiges Interview</u> durchzuführen. Solche Kurzinterviews können problemlos über Videokonferenztools (z. B. *Zoom, MS Teams, Google Meets, Webex*) durchgeführt werden.

Organisationen, die gerade mit der Implementierung eines Informationssicherheits-Managementsystems (ISMS) beginnen, sind gut beraten, mit einem Systemaudit zu beginnen, <u>bevor sie zu einem Zertifizierungsaudit übergehen</u>. Dieses **Systemaudit** konzentriert sich auf die **Kernanforderungen** des Standards.

Dies erfordert auch eine Inspektion von:
- Umsetzung einer Sicherheitsrichtlinie,
- Risikomanagementprozess,
- Vorfallmanagementprozess und
- die Zugangskontrollen

Nach diesem Audit erhält man einen Bericht, in dem alle Bereiche der Nichteinhaltung aufgeführt sind. In diesem Dokument werden auch **Verbesserungsvorschläge** aufgeführt. Erst nachdem alle identifizierten Probleme gelöst und die Empfehlungen umgesetzt wurden, sollte man darüber nachdenken, den nächsten Weg in Richtung eines ISO 27001-Zertifizierungsaudits einzuschlagen.

Die Durchführung eines Systemaudits ist absolut <u>weder notwendig noch vorgeschrieben</u>, um für ein ISO 27001-Zertifizierungsaudit in Frage zu kommen. Seien Sie vorsichtig: Einige Berater verkaufen „*Systemaudits*" (oder „*Systemzertifikate*") zu sehr, als wären es ISO 27001-Zertifizierungsaudits. Ein „System Compliance Zertifikat" ist **<u>kein offizielles ISO 27001-Zertifikat</u>**!

Online / Remote Audit

Die zweite Art der Prüfung heißt „*Remote Audit*" und eignet sich nur für Organisationen mit einem geringen Risikoprofil. Die Stufe 2 eines Zertifizierungsaudits **kann per Remote-Audit durchgeführt** werden, wenn ein Vor-Ort-Audit wenig Nutzen bringt.

Ein bestes Beispiel sind SaaS-Unternehmen, deren Team komplett remote organisiert ist. Oftmals können Startups unterschiedlicher Größe ihre Schlüsselpersonen von zu Hause aus arbeiten lassen, während sie mehrere Flugstunden voneinander entfernt sind.
Für einen Prüfer macht es **wenig Sinn**, zu jeder wichtigen Person nach Hause zu reisen und dabei mehr Stunden im Flugzeug oder am Flughafen zu verbringen, als tatsächlich für die **Prüfungsarbeit** selbst aufzuwenden.

Aus diesem Grund nutzen einige Zertifizierungsstellen für Remote-Audits Prüfer, die weit entfernt von den Kunden ansässig sind. Die Beauftragung eines Auditors vor Ort bietet keinen Vorteil, da die geprüfte Stelle so weit verstreut ist, dass die Büros der Zertifizierungsstelle immer außer Reichweite sind (max. 3 Stunden Autofahrt). Dies ist ein großartiges Beispiel für ein digitales Unternehmen ohne Produktion und ohne direkte Gefahr für Leben und Gesundheit von Menschen.

Natürlich gibt es Startups und große Unternehmen, die Produkte entwickeln, die für Mensch, Tier und Natur **sehr gefährlich** werden können. In solchen Fällen sollten die gefährlichen Teile eines Unternehmens **vor Ort überprüft** werden. Wir können mit gutem Grund davon ausgehen, dass ein Startup keine Raketen oder Flugzeugtriebwerke im Hinterhof des Ingenieurs entwickelt.

In einem späteren Abschnitt dieses Buches werden Sie ein tieferes Verständnis der regulatorischen Aspekte erlangen, die eine **Fernprüfung ermöglichen oder regeln**.

3.2.3 Typische Missverständnisse & Betrugsmaschen

Mit den Begriffen „Informationssicherheit" und „Cybersicherheit" muss man vorsichtig sein, da sie oft im falschen Kontext verwendet werden. Cybersicherheit ist ein **Teilgebiet der Informationssicherheit**. Informationssicherheit schützt digitale (z. B. Dateien) und physische Vermögenswerte (z. B. Papierunterlagen).

Ein weiteres Missverständnis besteht darin, dass Sie eine **Vorlage kaufen** und keine zusätzlichen Informationen hinzufügen müssen. Leider führt dies in der Regel dazu, dass das ISMS Stufe 1 des Zertifizierungsaudits nicht besteht.

ISO 27001 Betrugsmaschen

Manchmal denken Unternehmen, dass man ein ISO 9001- oder ISO 27001-Zertifikat kaufen kann. Ihnen fehlt in der Regel das Verständnis dafür, dass sie eine eigene Managementsystemdokumentation entwickeln müssen, bevor der Auditor deren Konformität bewerten kann. Ein Zertifikat kann man einfach **nicht** kaufen. Dennoch gibt es Leute da draußen, die **gefälschte Zertifikate ohne Prüfung** oder Dokumentation verkaufen.

ISO 27001 Dokumentationsfälschungen und Betrügereien

Kürzlich musste ich mit Erstaunen feststellen, dass ein Unternehmen **12.000 EUR** für ein **16-seitiges ISMS-Dokument** bezahlt hatte, obwohl es glaubte, ein Zertifikat von einer akkreditierten Zertifizierungsstelle zu erhalten.

Ein Werkzeughersteller kaufte ein Zertifikat für **2.500 USD** von einem **indischen** Beratungsunternehmen, dass **gefälschte ISO 27001-Zertifikate** verkaufte. Das Unternehmen erhielt eine Reihe von Standarddokumenten und einen **Besuch von einem Berater**, der vor Ort lediglich den Firmennamen und das Logo einfügte. Dann ging es zum Mittagessen und zurück, um diese **zuvor bearbeitete Dokumentation zu prüfen**. Als der Großkunde des Mittelständlers ein Lieferantenaudit durchzuführen wollte, kam diese Geschichte ans Licht. Erst dann erkannte der Unternehmer, dass er betrogen worden war.

Einem KMU wurde ein ISMS-Paket für **10.000 EUR** verkauft, als Gegenleistung für eine maßgeschneiderte Dokumentation und ein **Systemaudit**. Das Systemzertifikat wurde dem Empfänger präsentiert, **als wäre es** ein Zertifikat einer akkreditierten Zertifizierungsstelle. In Wirklichkeit was das Zertifikat wertlos.

4 Vorbereitung auf ISO 27001

Um bei der **Implementierung und Bewertung** erfolgreich zu sein, müssen sich Organisationen gut vorbereiten. Die Dokumentation muss den Anforderungen von ISO 27001 entsprechen. Zu oft sind <u>im Internet gekaufte Vorlagen unvollständig</u> oder sogar **veraltet**. Dies ähnelt dem, was Ihnen passieren kann, wenn Sie auf eine Abkürzung zur ISO 9001-Zertifizierung hoffen.

Es empfiehlt sich, einen Projektplan zu schreiben und eine Checkliste zur Hand zu haben, damit man <u>keine wichtigen Punkte übersieht</u>. Einige Organisationen führen eine interne **GAP-Analyse** durch und bitten dann einen externen Berater, eine **zweite GAP-Analyse** durchzuführen, wenn die gesamte Dokumentation abgeschlossen ist und jede Person in der Organisation tatsächlich die **neue Art der Arbeit** mit vertraulichen Informationen verwendet.

4.1 Gap Analyse

Um zu wissen, wie weit die Organisation vor der Implementierung eines konformen ISMS ist, sollte man die aktuelle Situation beurteilen. Hier liefert eine GAP-Analyse ein **realistisches Bild** über die <u>bestehende Sicherheit</u> und darüber, was noch verbessert werden muss. Auf diese Weise kann das Projektteam die wichtigsten zu bearbeitenden Themen priorisieren.

Durch die Verwendung des ISO 27001-Frameworks als Leitfaden für ein Informationssicherheits-Managementsystem (ISMS) kann die Organisation nicht nur ISO 27001 einhalten, sondern auch ihr ISMS an das einzigartige Geschäftsmodell der Organisation anpassen.

In vielen Fällen wird Sicherheit als technisches Feature in der IT-Abteilung implementiert. Möglicherweise gibt es eine Dokumentation darüber, wie Active Directory, Firewalls, VPN und andere IT-Technologien konfiguriert wurden, um der aktuellen Meinung zur Implementierung von IT-Sicherheit zu entsprechen. Leider ist Informationssicherheit ein großes Thema, das viele andere Themen wie IT-Sicherheit oder Cybersicherheit umfasst.

Wenn eine Dokumentation vorhanden ist, hilft diese bei der Formulierung der Richtlinien im ISMS. Daher untersucht eine GAP-Analyse **Sicherheitsrichtlinien, -verfahren und -kontrollen**. Diese müssen mit den Anforderungen der ISO 27001 verglichen werden. Dies fließt schließlich in die **Aufgabenliste oder Checkliste** für den Aufbau eines konformen ISMS ein.

Um eine realistische Datenerfassung zu gewährleisten, muss man mit einer **Vielzahl von Schlüsselpersonen** (*z. B. IT-Administratoren, CSOs, IT-Direktoren, Netzwerkadministratoren, Entwicklern, Ingenieuren usw.*) in der Organisation sprechen. Neben der Kommunikation mit dem technischen Personal muss auch mit Vertrieb, Marketing, Logistik, Facility Management, Beschaffung, Personalwesen und anderen **Abteilungen** und **Standorten** kommuniziert werden.

Die **Identifizierung von Risiken und Schwachstellen** trägt dazu bei, ein besseres Verständnis der aktuellen Risikoexposition des Unternehmens zu erlangen. In einer Organisation kann man nicht erwarten, dass jeder Mitarbeiter weiß, was ein ISMS ist und welchen Bezug es zu seinem individuellen Arbeitsplatz hat. Daher besteht ein erster Teil der Kommunikation bei der GAP-Analyse darin, ein **Bewusstsein** dafür zu schaffen, was Informationssicherheit tatsächlich für den Mitarbeiter und die Organisation als Ganzes bedeutet.

4.1.1 Warum sollte man eine Gap Analyse durchführen?

Eine solche Gap-Analyse liefert Ihnen eine fundierte Einschätzung von:

- Grad der Compliance-Lücke der Dokumentation für ISO 27001
- Grad der Übereinstimmung des Umfangs mit unserer Dokumentation
- Interne Ressourcen, die ausreichend auf IEC/ISO27001 abgestimmt sind
- Realistischer Zeitplan, um für das Audit bereit zu sein

Basierend auf den oben genannten Analysezielen sollten wir an der Beantwortung folgender Fragen arbeiten, die ich Ihnen hier Schritt für Schritt erläutern möchte:

Wie weit sind wir von der Einhaltung der ISO 27001 entfernt?

Je mehr Dokumente oder Sicherheitsrichtlinien **fehlen** oder **unvollständig** sind, desto geringer sind die Chancen, die Zertifizierungsanforderungen zu erfüllen. Es ist wichtig zu wissen, was unvollständig ist oder fehlt. Es kann sein, dass man irgendwann der Meinung war, dass dieser Punkt für das ISMS des Unternehmens nicht relevant ist.

Wenn es immer noch nicht relevant ist, ist es gut beraten, diese Informationen darüber, **warum es nicht relevant ist**, zu einer FAQ-Datei hinzuzufügen. Dies ist erforderlich, wenn der Gegenstand kurz vor einer Prüfung durch die Prüfer steht.

Entspricht der vorgesehene Umfang unserer Dokumentation?

Darüber hinaus müssen Sie prüfen, ob der von Ihnen gewählte Umfang zu Ihrem Unternehmen und den von Ihnen erstellten Dokumenten passt. Vielleicht hast du zu viel oder zu wenig geschrieben. Ein Prüfer könnte eine **Inkonsistenz** zwischen Ihrem **gewählten** Umfang und den **eingereichten** Dokumenten feststellen. Wenn Sie Ihre erste Zertifizierung erhalten und Ihre Organisation über komplexe Bereiche verfügt, ist es möglicherweise besser, den Umfang (*Anwendungsbereich bzw. Scope*) auf die IT und andere **Kernaktivitäten** zu beschränken.

Dies gibt Ihnen Zeit, den Umfang (*Anwendungsbereich bzw. Scope*) zu einem späteren Zeitpunkt zu erweitern, ohne sich den Kopf darüber zu zerbrechen. Dies ist auch eine gute Möglichkeit, Ihre **Arbeitsbelastung** und Ihren **Stresspegel** zu reduzieren, wenn Sie gerade mit anderen geschäftlichen Angelegenheiten beschäftigt sind. Die einzige andere Alternative wäre, einen Teil der komplexen **Dokumentationsarbeiten auszulagern**.

Sind unsere Ressourcen ausreichend an ISO 27001 ausgerichtet?

Bedenken Sie, dass es sich bei den Ressourcen nicht nur um Kapital, Ausrüstung und Zeit handelt, sondern auch um Menschen. Sie müssen Ihre **Mitarbeiter entsprechend den Risiken schulen**, mit denen sie umgehen müssen. Wer mit Kreditkartendaten umgeht, geht ein höheres Informationsrisiko ein als der Marketingassistent.

Jeder muss verstehen, was ISO 27001 für sein persönliches Arbeitsumfeld bedeutet. Wenn Ihr **Team** nicht von der Notwendigkeit überzeugt ist, ISO 27001-konform zu werden, kann es zu einem **negativen Interviewerlebnis** kommen, wenn der Prüfer einen Mangel an Engagement seitens der Organisation bemerkt.

Was wird ein realistischer Zeitrahmen sein, um die Zertifizierungsreife zu erreichen?

Basierend auf den oben genannten Aspekten müssen Sie realistisch sein, wie lange Sie benötigen, um **fehlende Dokumente**, Inkonsistenzen, unvollständige Schulungen oder **Denkkonflikte** zu beheben. Engpässe können **Schulungsrückstände** aufgrund hoher Auslastung in relevanten Abteilungen sein. Besteht Bedarf an IT-forensischen Untersuchungen oder Penetrationstests, kann es sein, dass externe Experten kurzfristig nicht verfügbar sind.

4.1.2 Wie wird eine Gap Analyse durchgeführt?

Es wird ein Vergleich von Dokumenten und Aktivitäten im Hinblick auf die ISO 27001-Anforderungen durchgeführt, basierend auf:

- Interview mit relevanten Mitarbeitern
- Prozesse und Verfahren
- Derzeit laufende Initiativen

Zweitens ist eine Überprüfung wichtiger Dokumente im Hinblick auf Datenschutz, Sicherheitsrichtlinien und -verfahren erforderlich. Dazu gehört auch eine Überprüfung wichtiger Prozesse und Systeme, um sicherzustellen, dass die betrieblichen Aktivitäten im Einklang mit dem ISMS und dem Standard stehen.

Nach der Auswertung der Daten muss analysiert werden, ob sie mit den Anforderungen der ISO 27001:2022 vergleichbar sind. Basierend auf diesen Erkenntnissen sollte ein Experte einen **Gap-Analysebericht** verfassen.

Der Bericht sollte folgende wertvolle Erkenntnisse enthalten:

- Reifegrad der Informationssicherheitsvereinbarungen

- Spezifische Lücken identifiziert und was sie bedeuten
- Vorschläge zur Anpassung des Umfangs an das ISMS oder zur realistischeren Anpassung an die verfügbaren Ressourcen der Organisation.
- Ein grundlegender Plan zur Behebung dieser Probleme. Dazu gehört auch der Umfang der erforderlichen menschlichen Anstrengungen, um zielorientiert vorzugehen.
- Zum besseren Verständnis nutzt man eine visuelle Darstellung: Der Compliance-Status wird in wenigen Kernpunkten zusammengefasst, die mit Farben (rot, gelb, grün) markiert sind.
- **Sicherheitsmaßnahmen/-kontrollen** können aufgelistet werden, um besser zu verstehen, wo Lücken bestehen und wie schwerwiegend sie sein können

Wie viel Zeit benötigt eine Gap-Analyse?

Abhängig von der Komplexität der ISMS-Dokumentation kann es **1–8 Wochen** dauern, bis sich ein Experte ein realistisches Bild von der Situation verschafft. Die Unterlagen eines KMU lassen sich üblicherweise in 2-5 Tagen prüfen.

Einige Organisationen nutzen gerne eine Gap-Analyse, um sicherzustellen, dass sie bereit sind. Dies ist <u>keine Voraussetzung</u> für die Zertifizierung. Normalerweise ist dies notwendig, wenn Sie beim Schreiben der ISO 27001 Dokumentation keine Hilfe von externen Experten erhalten haben.

4.2 Compliance Roadmap

Im Rahmen jedes ISMS-bezogenen Projekts muss eine Organisation zunächst einen **Projektplan** entwickeln. Dies ist ein empfehlenswerter Schritt, der nicht viel Arbeitszeit in Anspruch nehmen muss, aber **kostspielige Lücken** in einem wachsenden Projekt **vermeiden** kann. Egal, ob Sie ein ISMS nach ISO 27001 aufbauen, Sie werden feststellen, dass dies oft einem Spaziergang durch einen Dschungel gleicht. Nach und nach entdecken Sie Probleme, von denen Sie vorher nichts wussten. Möglicherweise bemerken Sie sogar, dass Sie eine Anforderung übersehen haben, weil es **so viel zu tun** gibt.

Die meisten Menschen, die als Mitarbeiter einer zu zertifizierenden Organisation ein ISMS schreiben, tun dies zum ersten Mal in ihrem Leben. Dies ist auch eine **Lernmöglichkeit** für diese Person.

Befolgen Sie diese 4 Schritte:

- Identifizieren Sie Lücken
- Rang identifizierter Lücken
- Wählen Sie die Dringlichkeitsreihenfolge aus
- Lücken schließen

Konzentrieren Sie Ihre Zeit und Energie auf die **kritischsten Bereiche**. Sorgen Sie dafür, dass Ihr ISMS innerhalb eines angemessenen Zeitrahmens ISO 27001-konform ist. Wenn Sie das Projekt wochenlang verstauben lassen, verschwenden Sie noch mehr Ressourcen durch die Neubewertung Ihrer Fortschritte und Lücken.

Als Nächstes definieren Sie die **Ziele und Aktivitäten**, die Teil jedes Schritts Ihrer Compliance-Roadmap sein müssen. Schauen Sie sich Ihre **Sicherheitsrichtlinien** an: Entwickeln Sie diese und dokumentieren Sie sie gemäß ISO 27001. Sind Ihre Verfahren **klar definiert** und geschrieben, sodass jeder vernünftige Mensch versteht, wie er vorgehen soll?

Schauen Sie sich Ihre **technischen Kontrollen** an: Was haben Sie derzeit eingerichtet? Lesen Sie die von Ihrem technischen Personal erstellte Dokumentation. Schreiben Sie für jede technische Kontrolle Ihr eigenes **sauberes und standardisiertes Dokument**. Um keine wichtigen Dinge zu vergessen, verwenden Sie gemeinsam nutzbare Tabellen (*z. B. Google Sheets oder SharePoint*). **Mindmaps** helfen auch beim Drilldown, um vergessene Bestandteile zu finden. Wenden Sie sich an Ihr technisches Personal, um herauszufinden, ob ein **neuer oder veralteter** Objekt in der Liste fehlt.

Bei jeder Roadmap sollten Sie **Meilensteine** setzen. Durch die Zuweisung von Daten zu jedem Wegpunkt können Sie Engpässe und Effizienz verfolgen. Das Management wird höchstwahrscheinlich einen einfachen **zweiwöchentlichen Bericht** über Ihre aktuellen Fortschritte wünschen. Halten Sie es einfach, indem Sie ein sichtbares Flussdiagramm verwenden, das Sie innerhalb weniger Minuten aktualisieren können.

Sie können unter jedem Schritt auch die erforderlichen Ressourcen (*z. B. Budget, Personen, Tools, Dokumente*) und Abteilungen (*z. B. Netzwerkadministratoren, Buchhaltung, HR-Trainer*) auflisten. Achten Sie darauf, Ihre visuelle Roadmap nicht zu überladen.

Mit fortschreitendem Projekt werden Sie feststellen, dass Sie **externes Fachwissen** (*z. B. Beratung*) und **Technologie** (*z. B. DMZ, VPN, neue Telefone*) **hinzufügen** müssen. Ohne das entsprechende Budget werden Sie dazu verleitet, nach der günstigsten externen Ressource zu suchen, die Ihnen nur für einen begrenzten Zeitraum oder unter Umständen weiterhilft.

Sobald Sie ein klares Bild davon haben, was in welcher Reihenfolge zu tun ist, und alle **kritischen Abhängigkeiten** berücksichtigt haben, können Sie eine größere Anzahl von Personen erreichen, um Feedback zur **neuen** Compliance-Roadmap zu erhalten.

Wie in jedem Unternehmen gibt es Zeiten im Jahr, in denen die Migration **kritischer Systeme**, die Modernisierung von Produktionsanlagen oder die Einführung eines neuen ISMS schwerwiegende Probleme im Betriebsablauf des Unternehmens verursachen können. Informieren Sie sich daher nicht nur bei den Stakeholdern über die von Ihnen **gesetzten Ziele** und den Fahrplan, sondern lassen Sie sich auch zu Terminen beraten, die zu schwerwiegenden Betriebsunterbrechungen führen können.

Auf diese Weise **reduzieren Sie den Stress** für die Organisation bei der Einführung des neuen ISMS in die produktive Seite des Unternehmens. Sammeln Sie das Feedback und bewerten Sie ihre Bedenken oder Herausforderungen. Passen Sie Ihren Zeitplan an, um Engpässe und Stress zu vermeiden.

4.2.1 Das ISO 27001 Implementierungsteam

Das ISO 27001-Implementierungsteam sollte aus den folgenden Teammitgliedern bestehen

- Sicherheitsexperte (*kennt den ISO 27001-Standard*)

- Wirtschaftsexperte (kennt Geschäftsprozesse und Anforderungen)
- Vertreter wichtiger Abteilungen (z. B. Vertrieb, Recht, Personalwesen)

Diese Personen werden benötigt, um bei der Umsetzung der Prozesse zu unterstützen. Dadurch **gewinnen Sie Zustimmung** und aktivieren die notwendigen Prozesse mit weniger Widerstand. Letztendlich werden Sie erreichen, dass Ihre Geschäftsziele mit dem ISMS übereinstimmen. Indem Sie jedem Teammitglied **klare Rollen** und Verantwortlichkeiten zuweisen, vermeiden Sie Konflikte und unnötige Doppelarbeit. So können Sie das Projekt rechtzeitig und ohne übermäßige Budgetüberlastung abschließen.

Während Sie sich auf die Einführung des neuen ISMS vorbereiten, müssen Sie Wege finden, mit den relevanten Abteilungen und Fachexperten in Ihrem Unternehmen zu kommunizieren. ISO 27001 erwartet vom **Top-Management**, dass es sich zum ISMS und dem damit einhergehenden Umgang mit Informationen verpflichtet. Zum Engagement gehört nicht nur die **Bereitstellung von Ressourcen** wie Budget und Personal, sondern auch die Teilnahme an den verpflichtenden Managementbewertungen.

4.2.2 Identifizieren benötigter Werkzeuge und Technologien

Um wirksam zu sein, muss ein ISMS aktiv genutzt werden. Eine Sammlung von Dokumenten, die auf Ihrem Dateiserver vergessen werden, trägt nicht dazu bei, die **Anforderungen des Standards** zu erfüllen.

Identifizieren Sie die am meisten benötigten Tools und Technologien zur Verbesserung des Sicherheitsniveaus. Dazu kann eine neue Firewall (z. B. Firewall as a Service – FaaS), ein „Security Information and Event Management" (SIEM)-Tool oder eine „Mobile Device Management"-Plattform (MDM) oder ein „Intrusion Detection and Prevention System" (IDPS) gehören.

Bei der Auswahl der Tools müssen Sie sicherstellen, dass diese tatsächlich den Anforderungen der ISO 27001 und denen **Ihres Unternehmens entsprechen**. Die Berichts- und Überwachungsanforderungen sind nicht für alle Lösungen auf dem Markt verfügbar. Da einige Mitarbeiter eine **spezielle Schulung** benötigen, sollten unkritischen Mitarbeitern leicht verständliche **Sensibilisierungsschulungen** angeboten werden. Die Auswahl der richtigen Schulungsplattform und der richtigen Kursmaterialien kann einige Zeit in Anspruch nehmen.

Tools, Plattformen und Schulungen sind Teil eines effektiven Sicherheitsmanagements. So erreichen Sie nachhaltiger Ihre Informationssicherheitsziele.

4.2.3 Identifizieren der benötigten Fachkenntnisse

Um ein ISMS in Ihrem Unternehmen erfolgreich zu implementieren, müssen Sie Ihre Mitarbeiter darüber aufklären, **was** Informationssicherheit wirklich bedeutet und **warum** sie für die Zukunft aller wichtig ist. Diejenigen, die direkt an der Erstellung und Definition von Richtlinien **beteiligt** sind, müssen verstehen, wie ISO 27001 die Umsetzung der Informationssicherheit erwartet.

Aus diesem Grund wird jemand, der in seinem Unternehmen mit der Implementierung von Informationssicherheit beschäftigt ist, von der Teilnahme an einer **Implementierungsschulung** profitieren. Es reicht nicht aus, den ISO 27001-Standard zu kennen, da die Mitarbeiter Anleitung benötigen, wie sie ihre täglichen Aufgaben gemäß dem internationalen Standard ausführen können. Aus diesem Grund müssen Umsetzer Informationskarten und Aushänge entwerfen, damit die Mitarbeiter verstehen, wie sie die Einhaltung der Vorschriften gewährleisten.

Überkomplizierte <u>Verfahrenshandbücher</u> führen zu Verwirrung und Widerstand. Dies erklärt den Grund dafür, dass so viele ISO 27001-Projekte für so viele Unternehmensmitarbeiter zum Albtraum werden, da mangelnde Kommunikation bei allen zu Frustration führt.

5 ISO 27001 im eigenen Unternehmen umsetzen

Nachdem Sie wissen, was zu tun ist, und Ihr Projektteam zusammengestellt haben, müssen Sie von der Vorbereitung zur Umsetzung übergehen. Es müssen viele Richtlinien und Verfahren geschrieben werden.

Die 4 Phasen der Umsetzung:

- Entwickeln und implementieren Sie Ihre Richtlinien und Verfahren
- Technische Kontrollen implementieren
- Organisatorische Maßnahmen umsetzen
- Sorgen Sie für Überwachung und kontinuierliche Verbesserung

5.1 Entwerfen und implementieren Ihrer Richtlinien und Verfahren

Legen Sie die erforderlichen Richtlinien und Verfahren fest. Stellen Sie sicher, dass sie die Anforderungen der Norm erfüllen. Am Ende erhalten Sie eine Vielzahl von Sicherheitsrichtlinien (z. B. *Richtlinien zur Reaktion auf Vorfälle*). Sorgen Sie bei der Auswahl und Erstellung dieser Richtlinien dafür, dass sie für Ihr Unternehmen **relevant, praktisch und effektiv** sind. Holen Sie sich Unterstützung von Ihren Stakeholdern, indem Sie sie in den Entwurf und die Endfassung jeder Dokumentengruppe einbeziehen.

Nachdem Sie die Richtlinien verfasst haben, müssen Sie sie in das Betriebsalltag integrieren. Legen Sie sie fest und integrieren Sie Methoden zu ihrer Durchsetzung. Überlegen Sie, wie Sie diese nicht nur umsetzen, sondern auch überwachen können.

Da ein ISMS zum Einsatz kommt, ist es erforderlich, die Dokumentation **regelmäßig zu überprüfen**, die Inhalte zu aktualisieren und alle betroffenen Personen über die durchgeführten Änderungen zu informieren. Im Laufe der Jahre wurde ISO 27001 aktualisiert und mit **neuen oder verfeinerten Anforderungen** versehen. Um konform zu bleiben, muss das ISMS aktualisiert werden, um den aktuellen Standard widerzuspiegeln und bekannte **Probleme** in der aktuellen Sicherheitsumgebung zu **beheben**.

5.2 Implementieren von technischen Kontrollmaßnahmen

Technische Kontrollen sind ein wichtiger Bestandteil der Umsetzung. Der Schutz von Informationen erfordert eine menschliche und technische Reaktion auf **Bedrohungsszenarien**. Daher muss die Technologie entsprechend den gewünschten Einstellungen konfiguriert werden. Um sicherzustellen, dass Ihre Steuerelemente und Einstellungen angemessen sind, müssen Sie sie testen.

Der beste Ansatz besteht darin, **Schwachstellenbewertungen** und Penetrationstests durchzuführen. Dies hilft, alle Schwachstellen zu erfassen und zu beheben, bevor sie zu einem schwerwiegenden Problem für die Organisation werden. Wie bereits erwähnt, müssen Kontrollen regelmäßig evaluiert und aktualisiert werden. Es gibt eine Vielzahl von Tools und Diensten, die Sie beim **Benchmarking** Ihrer Sicherheitsinfrastruktur unterstützen. Nutzen Sie nach Möglichkeit Automatisierung. **Vereinfachen** Sie Ihre Überwachung und Berichterstattung über den Stand Ihrer ISO 27001-Konformität.

Neben der Verwendung von Werkzeugen müssen auch die **Mitarbeiter geschult** werden. Andernfalls sind sie nicht in der Lage, diese Tools zum Schutz Ihrer Umgebung richtig einzurichten und zu verwenden. Entwickeln Sie Ihren Schulungsplan so, dass er die obligatorischen Tools für eine **effektive Sicherheitsimplementierung** widerspiegelt. Da hochqualifiziertes Personal in der heutigen Welt eine **knappe Ressource** ist, müssen Unternehmen Personen identifizieren, die sie zu neuen Experten in wichtigen Bereichen der Organisation weiterentwickeln können.

Daher müssen **wirksame technische Kontrollen** vorhanden sein, um die ISO 27001 einzuhalten.

5.3 Implementieren organisatorischer Maßnahmen

Der 3. Teil der Umsetzung besteht in der Festlegung organisatorischer Maßnahmen. Dadurch kann die Organisation zum Schutz von Informationssystemen beitragen.

Zu den organisatorischen Maßnahmen gehören:

- Sicherheitsbewusstseins- und Schulungsprogramme
- Verfahren zur Reaktion auf Vorfälle
- Risikomanagement Framework entwickeln

Jeder Mitarbeiter muss sich seiner **Sicherheitsverantwortung** bewusst sein. Das gemeinsame Verständnis, dass die Organisation alle <u>notwendigen Vorkehrungen</u> trifft, um für den Fall eines Sicherheitsvorfalls gerüstet zu sein, ist wichtig für die organisatorische Denkweise.

Standards wie ISO 27001 verlangen von Ihnen, dass Sie über einen **Schulungsplan** verfügen. Um effektiver zu sein, benötigen Sie mehrere Pläne entsprechend den verschiedenen Bereichen Ihres Unternehmens.

Daher benötigt die IT-Abteilung viel mehr technische Schulung, um die gesamte zur Verfügung stehende Sicherheitstechnologie ordnungsgemäß verwalten zu können. Im Gegensatz dazu wird ein Buchhalter oder Marketingmanager das SIEM nicht konfigurieren.

Sie müssen die Bedrohungen richtig verstehen und wissen, wie sie bei ihrer täglichen Arbeit einen **sicherheitsorientierten Ansatz** verfolgen können. Es gibt so viele einfache Schritte, die ein technisch nicht versierter Benutzer unternehmen kann, wenn er eine potenziell gefährliche E-Mail erhält.

Daher benötigen nicht-technische Mitarbeiter ihr <u>individuelles</u> **Sicherheitsbewusstseinsprogramm**. Ein Marketingmitarbeiter wird viel mehr Stunden mit dem Internet verbunden sein als ein Buchhalter, der damit beschäftigt ist, Finanztransaktionen innerhalb des Unternehmens aufzuzeichnen. Aus diesem Grund sind auch Verwaltungsrollen **unterschiedlichen Risiken** ausgesetzt.

Wir leben heute in einer sehr vernetzten Welt, sodass sogar ein Vorarbeiter an der Produktionslinie Zugriff auf E-Mails hat, da er effektiv mit der Personalabteilung und der Qualitätskontrolle kommunizieren muss. Dadurch sind auch Arbeitsplätze in Fabriken Cyber-Bedrohungen ausgesetzt. Es gibt keine Lösung, die für alle organisatorischen Rollen geeignet ist.

Wenn es zu einem Vorfall kommt, müssen wir sicherstellen, dass angemessen damit umgegangen wird. Unsere Verfahren zur Reaktion auf Vorfälle müssen Teil der Dokumentation sein. Diese Informationen müssen <u>allgemein bekannt</u> sein und dürfen nicht in einem Schließfach oder unter einem Berg alter Akten versteckt werden.

Wie bei Brandschutzübungen müssen Sie <u>regelmäßig</u> Sicherheitsübungen durchführen. Es gibt eine Vielzahl von Tools verschiedener Anbieter (z. B. Hornet Security in Deutschland), mit denen Sie die **Belastbarkeit Ihrer Mitarbeiter** testen können. Auf diese Weise erleben Menschen tatsächlich einen simulierten Angriff, ohne vorher gewarnt zu werden. Auf diese Weise verhalten sie sich wie bei einem echten Angriff. Anschließend können Sie den Leuten erklären, was passiert ist und wie Sie in Zukunft vermeiden können, **von echten Angreifern getäuscht** zu werden.

Als letzten Teil dieses Abschnitts müssen wir einen Blick auf unser Risikomanagement werfen, da es ein wichtiger Bestandteil gemäß ISO 27001 ist. Ihr Risikomanagement-Framework muss in der Lage sein, **Risiken zu identifizieren**, zu <u>bewerten</u> und zu <u>beheben</u>. Das Ziel des Risikomanagements sollte darin bestehen, die erforderliche **Vertraulichkeit, Integrität und Verfügbarkeit** von Informationen sowie der diese Daten speichernden Informationssysteme zu wahren.

Um sicherzustellen, dass dieses Ziel tatsächlich nachhaltig ist, müssen **regelmäßige Risikobewertungen** durchgeführt und Risikoreaktionspläne aktualisiert werden. Die Sicherheitstests tragen dazu bei, die Fähigkeit der Organisation zu überprüfen, mit den Bedrohungen **zufriedenstellend umzugehen**.

5.4 Überwachung und kontinuierliche Verbesserung

Ein vorhandenes ISMS ist eine große Errungenschaft, dennoch muss es aktiv und in gutem Zustand sein. Um seine Wirksamkeit und Relevanz für das Risikoumfeld der Organisation sicherzustellen, müssen Sie Folgendes tun:

- Überprüfen und bewerten Sie die Wirksamkeit von Richtlinien, Verfahren und Kontrollen

- Nehmen Sie Anpassungen vor, um festgestellte Schwachstellen oder Schwachstellen zu beheben

Um die Übereinstimmung mit der Norm ISO 27001 sicherzustellen, sollten Sie **Überprüfungszyklen** mit den folgenden Maßnahmen einrichten:

- Jährliche Sicherheitsbewertungen

- Regelmäßige Sicherheitsüberprüfungen

Die Nachhaltigkeit Ihres ISMS und erfolgreiche **regelmäßige externe Compliance-Audits** hängen von Ihren Bemühungen ab, Ihr ISMS regelmäßig zu überwachen und zu verbessern. Andernfalls wird es höchstwahrscheinlich in einigen Monaten oder Jahren zu einer Nichteinhaltung der ISO 27001 kommen. Die Leute beginnen zu vergessen und kümmern sich nicht mehr um Ihre Richtlinien, Verfahren und Kontrollen.

Durch die Integration von Überwachung und **Verbesserung** in Ihre **routinemäßigen Sicherheitspraktiken** haben Sie weniger Aufwand, sowohl die Vorschriften einzuhalten als auch sicher zu bleiben. Planen Sie in Ihrem Gruppenkalender regelmäßige Treffen ein, um die aktuelle Situation Revue passieren zu lassen. Die Bewertungen müssen nicht nur überprüft, sondern auch **dokumentiert** werden. Bedenken Sie, dass die Leute vergessen, worüber sie sich geeinigt haben, und dass es vorkommen kann, dass reguläre Teilnehmer bei einer Besprechung mit sehr wichtigen Inhalten nicht anwesend sind.

Wichtige Themen für Ihre Review-Meetings:

- Wirksamkeit von Sicherheitsrichtlinien, -verfahren und -kontrollen
- Identifizierte Bereiche mit Verbesserungspotenzial
- Trends im Bedrohungsumfeld
- Vereinbarungen über die nächsten Maßnahmen zur Bewältigung von Bedrohungen (Wer, Fälligkeitsdatum, benötigte Ressourcen, Abhängigkeiten
- Auf diese Weise können Sie Ihre technischen Kontrollen viel schneller an die Entwicklungen im Bedrohungsumfeld anpassen. Sie werden feststellen, dass Ihre Organisation irgendwann die Nase vorn hat. Anstatt dass Ihre Organisation wie der Rest der Branche gestört und geschädigt wird, sind Sie größtenteils unversehrt geblieben.

Hauptvorteile:

- Gut vorbereitet auf mögliche Zwischenfälle
- Wettbewerbsvorteile durch Leistung/operative Stabilität
- Proaktiv auf neue Risiken reagieren

- Fähigkeit, die Auswirkungen neuer Schwachstellen zu bewerten, bevor sie gegen die Organisation eingesetzt werden

- Aktualisierung technischer Kontrollen und Implementierung von Kontrollen mit weniger Aufwand

- ISMS ist somit immer auf dem neuesten Stand und in der Lage, **dynamische Bedrohungen** wirksam abzuwehren

Wenn Sie Erkenntnisse über den idealen Umgang mit unvorhergesehenen Ereignissen gewinnen, können Sie Ihre Sicherheitsbewusstseinsprogramme anpassen. Auf diese Weise entwickeln Sie Best-Practice-Leitfäden passend zu den Besonderheiten Ihrer Organisation.

6 Vorbereitung auf das ISO 27001 Audit

Da es Ihnen gelungen ist, Ihr ISMS gemäß ISO 27001 zu entwickeln und umzusetzen, möchten Sie bald das ISO 27001-Zertifizierungsaudit durchführen lassen.

Sie müssen den Umfang des bevorstehenden Audits verstehen. Bereiten Sie sich entsprechend auf den Auditprozess vor und identifizieren Sie Punkte, die besondere Aufmerksamkeit erfordern. Achten Sie auf die Probleme, mit denen viele andere Unternehmen konfrontiert sind.

Wenn Sie immer noch unsicher sind, wo Sie sich befinden, bitten Sie um Hilfe von außen.

6.1 Prüfungsrisiken eines ausgereiften ISMS

Zertifizierungsstellen bewerten den Reifegrad eines ISMS, um das Risiko zu berechnen, dass das Managementsystem die Einhaltung aller Governance-Richtlinien nicht gewährleistet. Je weniger ausgereift ein ISMS ist, desto höher ist das Risiko eines Scheiterns.

Verfügt eine Organisation bereits über ein zertifiziertes Qualitätsmanagementsystem (QMS), gehen Zertifizierungsstellen von einem geringeren Risiko aus. Man könnte nun annehmen, dass es sinnvoll wäre, zunächst ein ISO-9001-Projekt zu starten, bevor man die ISMS-Zertifizierung beantragt. Diese Bewertung des Reifegrads gilt jedoch auch für ein nicht zertifiziertes QMS (oder EMS).

Mehrere Faktoren beeinflussen die Berechnung der benötigten Audittage durch die Zertifizierungsstelle. Manche Unternehmen glauben, sie könnten ein ISMS erstellen und es sofort zertifizieren lassen. Es braucht Zeit, bis die Mitarbeiter einer Organisation das neue ISMS verstehen und in ihren Arbeitsalltag integrieren.

Daher gehen einige Zertifizierungsstellen davon aus, dass ein ISMS nach 6 bis 24 Monaten als ausgereift gilt. Die Frist beginnt mit dem Tag, an dem das ISMS von der Geschäftsleitung offiziell für aktiv erklärt und von allen relevanten Geschäftsbereichen, Abteilungen und Mitarbeitern übernommen wird.

Ich bezeichne diesen Schritt lieber als **Eingewöhnungsphase**, da er genau zwischen der Implementierungs- und der Zertifizierungsphase liegt. Stellen Auditoren nach der Aktivierung des ISMS fest, dass es nicht ordnungsgemäß implementiert und an die Geschäftspraxis angepasst wurde, werden sie es höchstwahrscheinlich als nicht konform einstufen.

Die obige Abbildung veranschaulicht den Prozess sehr einfach. Im Zuge der Einrichtung des ISMS sind ein internes Audit und eine Managementbewertung erforderlich. Sobald diese letzten Schritte abgeschlossen und die notwendigen Anpassungen vorgenommen wurden, können Zertifizierungsstellen kontaktiert werden, um einen Audittermin zu vereinbaren.

6.2 Den ISO 27001 Audit Scope verstehen

Ein Auditor bewertet Ihr Informationssicherheitsmanagementsystem anhand der Anforderungen von ISO 27001. Das Audit umfasst Bereiche wie:

- Technische Sicherheitsmaßnahmen
- Organisatorische Sicherheitsmaßnahmen
- Richtlinien und Verfahren
- Trainingsprogramme

Wenn Sie den Umfang des Audits kennen und verstehen, sind Sie in der Lage, alle Dokumente, Systeme, aber auch alle potenziell beteiligten Personen für den Besuch des Auditors vorzubereiten.

Nehmen Sie sich ausreichend Zeit für die Durchsicht Ihrer Dokumentation. Erfüllt es alle ISO 27001-Anforderungen? Haben Sie innerhalb spezieller Interessengruppen recherchiert, ob es Erkenntnisse darüber gibt, was Prüfer in diesem Jahr besonders prüfen? Jedes Jahr fordern die Akkreditierungsstellen die Zertifizierungsstellen auf, auf Bereiche zu achten, in denen sie bei früheren Audits (durchgeführt von allen von ihnen akkreditierten Zertifizierungsstellen) eine **Schwachstelle festgestellt** haben.

Prüfer prüfen Ihr Risikomanagement und alle damit verbundenen Aufzeichnungen. Es gibt kein Unternehmen auf der Welt, in dem es zu keinen Zwischenfällen kommt. Überall geht ein digitales Gerät kaputt, wird gestohlen oder geht verloren. Je größer die Organisation, desto höher ist die potenzielle Wahrscheinlichkeit, dass es zu einem solchen Vorfall gekommen ist. Menschen löschen versehentlich Dateien, Menschen klicken auf Spam-Links und werden infiziert, oder Festplatten fallen aus. Innerhalb eines Jahres kann alles passieren.

Nutzen Sie den Spielraum, um Schwachstellen zu erkennen, die Sie vielleicht übersehen haben. Bitten Sie jemanden, sich die Unterlagen anzusehen, der nicht an Ihrem ISMS-Projekt beteiligt war. Bitten Sie sie um Feedback und alle zufälligen Ideen, die ihnen in den Sinn kommen. So albern oder irrelevant sie auf den ersten Blick auch erscheinen mögen, vielleicht helfen sie Ihnen dabei, relevante Ideen zu bekommen.

Die **Audit-Methodik** umfasst eine Kombination aus **Dokumentenprüfung,** Interviews mit wichtigen Interessenvertretern (Fachabteilungen) und Stichproben vor Ort sowie dem Testen einiger Ihrer Sicherheitskontrollen.

6.3 Auf das Audit vorbereiten

Während Sie sich darauf vorbereiten, Ihre Unterlagen einzureichen und das Prüfergebnis vor Ort zu erhalten, müssen Sie einige wichtige Punkte auf Ihrer Checkliste ausfüllen:

- Sammeln Sie alle ISMS-bezogenen Dokumente
- Sammeln Sie Beweise zur Unterstützung der Wirksamkeit des ISMS
- Stellen Sie Ihr ISO 27001-Audit-Supportteam zusammen

Das ISO 27001-Auditunterstützungsteam ähnelt in der Regel Ihrem ISO 27001-Projektteam. Sie müssen von Prüfern erwarten, dass sie solche Personen hinzuziehen, da sie **Einblicke und Nachweise** über die Art und Weise Ihres Unternehmens **liefern können**, mit Sicherheitsthemen umzugehen.

Stellen Sie sicher, dass Sie **ausreichend Ressourcen** für den gesamten ISO 27001-Auditprozess bereitstellen. Halten Sie ausreichend Personal für die Prüfung bereit. Stellen Sie **ausreichend Budget** für die Ausgaben im Zusammenhang mit diesem Zertifizierungsprojekt bereit (z. B. Reisekosten, Prüfungsgebühren, Softwarelizenzen, Ausrüstung, externe Beratung).

Um eine zusätzliche Vorbereitungsebene hinzuzufügen, sollten Sie externe **Sicherheitsexperten** damit beauftragen, Schwachstellen in der Verteidigung des Unternehmens zu identifizieren. Nehmen Sie die Verbesserungen vor, bevor Sie Ihre Dokumente bei der Zertifizierungsstelle einreichen.

Ihre Organisation muss die Anforderungen des Standards verstehen. Es ist keine gute Idee, sich auf Papier und Technologie zu konzentrieren, sondern den **Zertifizierungsantrag** einzureichen, <u>ohne die Sensibilisierungsschulungen durchgeführt</u> zu haben.

Lassen Sie nicht zu, dass die Mitarbeiter der Organisation das **bevorstehende Audit ignorieren**. Stellen Sie sicher, dass jeder versteht, warum es für das Unternehmen so wichtig ist, ISO 27001-konform zu werden und das Audit erfolgreich zu bestehen.

Aktualisieren Sie Ihren **Projektplan**, um zu zeigen, wo Sie stehen und welche Schritte noch erledigt werden müssen. Lassen Sie wichtige Aspekte nicht im Dunkeln verschwinden.

Stellen Sie sicher, dass die folgenden **vier Schlüsselaspekte** den Standardanforderungen entsprechen:

- Nachweis der Einhaltung
- Technische Sicherheitsmaßnahmen
- Organisatorische Maßnahmen
- Bereitschaftsbewertung

Prüfer werden nach Beweisen für die Einhaltung suchen. Wenn sie das Gefühl haben, dass Beweise gefälscht sind oder kaum vorhanden sind, könnten sie davon ausgehen, dass es sich hierbei um ein nicht funktionsfähiges ISMS handelt.

Folgendes werden sie im Hinblick auf den Nachweis der Konformität prüfen:
- Sicherheitsrichtlinien, Verfahren, Kontrollen
- Nachweis der Maßnahmen

Technische Sicherheitsmaßnahmen (auch bekannt als TOM) werden ebenfalls Teil der Bewertung sein. Sie müssen technische Sicherheitsmaßnahmen implementieren, damit die Mitarbeiter wissen, was von ihnen erwartet wird. Andernfalls werden Systeme (IDPS, SIEM, Firewalls, Router, Switches, virtuelle Maschinen usw.) nicht richtig konfiguriert, sodass selbst eine nicht technisch versierte Person Unstimmigkeiten schnell erkennen wird (z. B. ist das Administratorkennwort „Passwort").

Bei der Bewertung bestehender organisatorischer Maßnahmen möchten Prüfer herausfinden, **wie gut die Mitarbeiter** auf Bedrohungen und erwartetes Verhalten aufmerksam gemacht wurden. Wenn das von Ihnen geschulte Personal Ihr Unternehmen schon Monate vor dem Audit verlassen hat, ist es dann etwas umständlich, sich erklären zu müssen: Sie haben kein neues qualifiziertes Personal eingestellt und sich keine Mühe gegeben, das verbleibende Personal zu schulen?

Sie müssen die Lücke zumindest vorübergehend schließen, indem Sie die Verantwortlichkeiten auf das bestehende Team/die bestehende Abteilung verteilen, bis ein neuer qualifizierter Bewerber eingestellt wurde. Selbst die Beauftragung eines Freiberuflers vorerst ist besser, als bei der **kostspieligen Beurteilung durchzufallen** und Verträge mit Großkunden zu verlieren.

Abschließend zeigt Ihre Bewertung den Reifegrad Ihrer Organisation in Bezug auf den ISO 27001-Standard. Beheben Sie etwaige Schwachstellen **rechtzeitig**. Führen Sie Penetrationstests durch, um Schwachstellen in Ihrer Informationssicherheit weiter zu **identifizieren** und zu **beseitigen**.

6.4 Typische Herausforderungen und Fallstricke

Möglicherweise stoßen Sie auf einige der folgenden Herausforderungen:

- Mangelnde Dokumentation
- Unzureichende Sicherheitsmaßnahmen
- Unzureichende Vorbereitung

Lassen Sie mich auf jede der <u>drei genannten Arten</u> von Herausforderungen eingehen:

Ein **Mangel an Dokumentation** lässt Prüfer auf **Inkonsistenz** und <u>mangelndes Engagement</u> schließen. Dieses Problem tritt auf, wenn entweder Sicherheitsmaßnahmen **nur rudimentäre** Beschreibungen und Leitinhalte im Kerndokument enthalten oder wenn die erwarteten Datensätze **nicht verfügbar** sind. Es ist verständlich, dass nicht jedes technische System verwertbare und exportierbare Datensätze bereitstellt. Sie können jedoch weiterhin Ihren eigenen Datensatz manuell erstellen und Screenshots (von Firewall-Statistikgrafiken) in Ihr Word-Dokument einfügen.

Unzureichende Sicherheitsmaßnahmen hängen mit <u>fehlender</u> oder <u>inkonsistenter</u> Konfiguration von Systemen zusammen. Viele Arten von Software (z. B. CRM, Backup usw.), die den Zugriff über Benutzerkonten ermöglichen, bieten normalerweise einen zuweisbaren Satz von **Rollen** und **Berechtigungen**. Überprüfen Sie, ob alle wichtigen Elemente ordnungsgemäß implementiert und konfiguriert sind.

Prüfer spüren, ob eine Person unsicher ist, weil dies ihr erstes Audit ist, oder ob sie befürchtet, dass eine **unzureichende Vorbereitung** den Prüfer zu einer schwerwiegenden Nichteinhaltungsfeststellung führen könnte. Es ist normal, dass jeder, der noch nie an einem Audit beteiligt war, nervös ist und versucht, alles übermäßig vorzubereiten.

Bemühen Sie sich daher besonders darum, **Zeit in die Überprüfung** aller Ihrer Punkte und Gespräche mit allen Personen zu investieren, die möglicherweise am Besuch des Prüfers beteiligt sind. Dies hilft Ihnen, eine unzureichende Vorbereitung zu **vermeiden** und Ihr **emotionales Selbstvertrauen** zu stärken.

7 Wie das ISO 27001 Audit erfolgen wird

In diesem Kapitel werfen wir einen genaueren Blick darauf, wie man sich im ISO 27001-Audit zurechtfindet:

- Den Prüfungsprozess verstehen
- Die Rolle des Prüfers verstehen
- Schlüsselaspekte während des Audits
- Typische Herausforderungen und Fallstricke

Wie bei jeder Art von Audit nach Standards (z. B. ISO 27001:2022) besteht ein Auditprozess aus mehreren Schritten (Vorbereitung, ..., Erstellung des Abschlussberichts).

Der Prüfer wird Ihnen mehrere Fragen stellen, die Sie beantworten können sollen. Niemand erwartet von Ihnen, dass Sie auf alles eine Antwort wissen. Zu wissen, an wen man sich bei der Beantwortung einer bestimmten Frage wenden kann, ist immer eine gute Möglichkeit, andere Personen in die Prüfung einzubeziehen.

7.1 Das Auditierungsverfahren verstehen

Ein Prüfer bewertet die **Richtlinien**, **Verfahren** und **Kontrollen** einer Organisation. Die Prüfung zahlreicher Dokumente und die Durchführung von Befragungen ist für jeden zeitaufwändig. Prüfer haben **nur eine begrenzte Zeit**, um alles zu erledigen. Wenn Sie den Prüfungsprozess verstehen, werden Sie Ihre Ziele mit weniger Eile und weniger Stress erreichen.

Die Auditphase besteht aus einer Reihe von **Zielen und Ergebnissen**. Der Prüfer muss das Informationssicherheitsmanagementsystem der Organisation gründlich überprüfen.

Bedenken Sie, dass es von der Organisation erwartet und obligatorisch ist, ein **Selbstaudit** (auch bekannt als „**Internes Audit**") durchzuführen, mit dem die Organisation nachweist, dass sie Lücken oder Bereiche mit **Verbesserungspotenzial** zwischen externen Audits identifizieren kann.

Das externe Audit beginnt in der Regel mit einer dokumentationsbasierten **Plausibilitätsprüfung** (*ISO 27001: Stufe I des Audits*). Beim umfassenden **Vor-Ort-Audit** (*ISO 27001: Stufe II des Audits*) wird die vom ISMS referenzierte Dokumentation geprüft. Hier helfen Befragungen dem Prüfer auch dabei, zu beurteilen, ob die Mitarbeiter tatsächlich wissen, wie sie mit Sicherheit in der erwarteten Weise umgehen sollen.

Sobald der Auditor seine Untersuchung abgeschlossen hat, muss der **Auditbericht** verfasst und auf die Audit-Koordinierungsplattform der Zertifizierungsstelle hochgeladen werden. Ein Auditbericht besteht aus **Feststellungen und Empfehlungen**. Die Organisation muss diese Erkenntnisse nutzen, um ihre Sicherheit zu verbessern. Das Ignorieren und Nichtbeheben dieser Probleme könnte beim nächsten Überwachungsaudit zu **schwerwiegenden Problemen** führen.

Sobald der Auditbericht vom Compliance-Team (= *Veto-Stelle*) der Zertifizierungsstelle akzeptiert wurde, wird das Zertifikat an die Organisation ausgestellt. Dies wird als Validierung durch einen Drittanbieter angesehen. Das Zertifikat kann online von jedem überprüft werden, der die **Zertifikatsnummer** oder den Firmennamen kennt.

Diese veröffentlichten Informationen dienen als verifizierter Überblick über den aktuellen Stand der ISMS-Compliance der Organisation.

7.1.1 Die Rolle des Auditors verstehen

Das Verständnis der Rolle des Prüfers hilft dabei, die Erwartungen beider Seiten zu erfüllen. In der Literatur wird ein Prüfer häufig auch als „Assessor" bezeichnet. Diese Person muss im ISO 27001-Standard geschult und zertifiziert sein.

Aufgrund der erforderlichen umfassenden Kenntnisse und Erfahrungen besteht ein Mangel an ISO 27001-Auditoren. Aus diesem Grund müssen Sie damit rechnen, dass eine Zertifizierungsstelle oder ein Bewertungsanbieter viel Zeit im Voraus benötigt, da sie nur über begrenzte Ressourcen verfügen. Es kann sein, dass Sie in 6 oder sogar 18 Monaten einen Audit-Termin erhalten. Nutzen Sie die Zeit, um im Umgang mit Ihrem ISMS sicherer zu werden.

Dem leitenden Prüfer wird ein Prüfungsauftraggeber zugewiesen und er vereinbart die gesamte Terminplanung direkt mit dem Auftraggeber. Sobald die wesentlichen Punkte geklärt sind, muss er ein Audit-Team zusammenstellen. Wenn die Zertifizierungsstelle 4 oder mehr Audittage festlegt, sind in der Regel 2 oder mehr Auditoren beteiligt. Es ist nicht einfach, die erforderliche Anzahl an Co-Auditoren zu haben. Je größer der Mandant, desto mehr Prüfarbeiten müssen bearbeitet werden.

Darüber hinaus muss der Abschlussprüfer objektiv, unparteiisch und frei von Interessenkonflikten sein. Die letzte Anforderung schränkt die Anzahl der verfügbaren Auditoren weiter ein, da Zertifizierungsstellen es vermeiden müssen, einen Auditor zur Inspektion einer Organisation zu entsenden, mit der er derzeit oder kürzlich Geschäfte zu tun hat.

Wenn also eine Person Ihr Unternehmen **vor drei Jahren** verlassen hat, um Auditor zu werden, muss diese Person die Zertifizierungsstelle darauf hinweisen, dass sie zuvor für dieses Unternehmen gearbeitet hat. Wenn er derzeit seinen ehemaligen Arbeitgeber dabei berät, wie er die Dokumentation für ISO 27001 vorbereiten kann, <u>darf er seinen ehemaligen Arbeitgeber nicht auditieren.</u>

Andernfalls bestünde die Gefahr, dass die Prüfung ihre <u>Vertraulichkeit, Integrität und Unabhängigkeit</u> **verliert**. Während der **Auditorenausbildung** sind Fähigkeiten wie Kommunikation, Umgang mit Erkenntnissen und Formulierung von Empfehlungen wichtig. Betrachten Sie den Besuch des Wirtschaftsprüfers als eine großartige Gelegenheit, Zugang zum **umfassenden Wissen** dieser Person zu erhalten. Auditoren können Sie bei der Umsetzung von Best-Practice-Strategien zur Verbesserung Ihrer Organisation beraten.

7.1.2 Remote Audits

Remote-Audits werden in ISO 19011:2018 in Kapitel 5.5.3 definiert, wo sie als Audits beschrieben werden, die gleichzeitig an zwei verschiedenen Standorten (Büro des Auditors vs. Kundenstandort) stattfinden.

Dies wird auch in folgenden Regulierungsdokumenten erörtert:

- IAF MD 4:2018
- IAF MD 5:2019
- DIN/EN ISO/IEC 17021-1:2015-11
- ISO/IEC 17021-3:2017 (EN)
- ISO 9001 Audit Practices Group
- IAF IS12:2015
- DIN EN ISO 19011:2018-10
- IATF 16949:2016-10

Unter Remote-Audits versteht man die Durchführung von Remote-Audits durch einen Auditor an einem weit entfernten Standort, bei dem es sich nicht um den eigenen Unternehmensstandort des zu auditierenden Unternehmens handelt.

IAF MD 4:2018

In den Kapiteln 4.1 / 4.2 finden wir, dass die Anforderungen klar dargelegt werden, was allgemein akzeptiert wird. Dennoch wird in Kapitel 4.2.5 dargelegt, dass bei der Berechnung von Auditzeit und Review zusätzliche Aspekte berücksichtigt werden müssen. Dabei werden folgende Remote-Audit-Möglichkeiten als potenziell akzeptabel hervorgehoben:

- Telefonkonferenz
- Internetbasierte Konferenzen
- Interaktive webbasierte Kommunikation
- Elektronischer Fernzugriff auf die Dokumentations- und Verwaltungsprozesse des geprüften Unternehmens

IAF MD 5:2019

Das IAF-Dokument IAF MD 5:2019 hilft bei der komplexen Berechnung der erforderlichen Auditzeit in Bezug auf Qualitätsmanagement (siehe: ISO 9001) und Umweltmanagementsysteme sowie Arbeitssicherheitsmanagementsysteme (SGA-MS).

Frühere Versionen des Standards erlaubten maximal 30 % Remote-Audit-Aktivitäten. Mit der Veröffentlichung 2019 wurden die Einschränkungen aufgehoben. Dadurch können Zertifizierungsaudits vollständig als Remote-Audits durchgeführt werden.

Einige Akkreditierungsstellen weigern sich immer noch, mehr als 30% Remote-Audits zuzulassen!

DIN/EN ISO/IEC 17021-1:2015-11

Für die Konformität der Standorte, an denen eine Prüfung stattfinden kann, gelten einige wichtige Offenlegungspflichten. In Kapitel 9.2.3.2.d des Standarddokuments wird erwartet, dass aus dem Auditplan klar hervorgeht, wann und wo ein Audit als Remote-Audit durchgeführt wird. Dies ist ein wichtiger Aspekt, da jeder Dritte davon ausgehen könnte, dass die Organisation vollständig von einem Team vor Ort geprüft wurde.

ISO/IEC 17021-3:2017 (EN)

Diese Standardversion legt die Kompetenzanforderungen für das Personal fest, das am Audit- und Zertifizierungsprozess beteiligt ist. Dies hängt mit QMS-Audits zusammen. Dies ist eine Ergänzung zu ISO/IEC 17021-1.

ISO 9001 Audit Practices Group

Der Leitfaden zu Remote-Audits bietet zusätzliche Einblicke in die Art und Weise der Durchführung von Remote-Audits. Es enthält auch eine **risikobezogene Checkliste** für die Durchführung von Remote-Audits.

7.1.2.1 Arten von Remote Audits

Wie Sie vielleicht inzwischen herausgefunden haben, sind Remote-Audits in einer Vielzahl von ISO-Standards weithin akzeptiert. Dies wurde teilweise durch die Pandemiejahre 2020–2022 verstärkt.

Vollständiger Remote Audit

Ein solches Remote-Audit kann nur aus der Ferne durchgeführt werden. Kein Prüfungspersonal wird die Einrichtungen des geprüften Unternehmens besuchen oder sich mit den Vertretern des geprüften Unternehmens für die Prüfung an einem gemeinsamen physischen Ort treffen. Die gesamte Kommunikation erfolgt digital.

Teilweiser Remote Audit

Manchmal ist die Durchführung eines Fernaudits hilfreich, wenn ein Besuch aller Standorte des geprüften Unternehmens nicht gerechtfertigt ist. Die Durchführung eines Teils eines Audits aus der Ferne ist oft die beste Lösung, wenn ein entfernter Satellitenstandort des geprüften Unternehmens nur für sehr kurze Zeit in das Audit involviert ist.

Wenn ein Auditor mehr Reisezeit benötigen würde, als für die eigentliche Durchsicht der Dokumente und das Interview erforderlich ist (z. B. 16 Stunden Flug für ein einstündiges Gespräch), dann ist ein Remote-Audit die beste Lösung.

Remote Follow-up Audit

Wenn bei einem Audit eine kleine Nichtkonformität festgestellt wurde, muss die Organisation diese beheben und nachweisen, dass sie behoben wurde. In einem solchen Fall würde ein Remote-Follow-up-Audit immer noch die erwartete Auditqualität liefern und gleichzeitig unnötige Reisen vermeiden.

Experten Remote Audit

Bei einigen Prüfungen ist ein Fachexperte erforderlich, der nicht während der gesamten Prüfungsdauer vollständig zur Verfügung steht oder nur für einen sehr kleinen Teil der Prüfungsarbeit benötigt wird.

In einem solchen Fall ist es **nicht sinnvoll**, den Experten mit hohen Kosten einfliegen zu lassen. Außerdem kann die damit verbundene Reisezeit zu einem Engpass führen, da der **Sachverständige** möglicherweise nicht über den Platz im Kalender verfügt, um eine solche Reise einzuplanen. Es reicht dann völlig aus, auf Remote-Kommunikationstechnologien (z. B. Zoom, MS Teams, WebEx) zurückzugreifen.

7.1.2.2 Chancen und Risiken eines Remote Audits

Auditpläne, die Remote-Audits beinhalten, müssen einen Backup-Plan führen, wenn ein Remote-Audit nicht wie erwartet durchgeführt werden kann.

Vorteile eines Remote Audits

Ein Hauptvorteil der Fernprüfung besteht darin, dass Prüfteams Reisen vermeiden, die CO_2-Emissionen verursachen, da Autos, Flugzeuge und Züge ein gewisses Maß an Umweltverschmutzung verursachen. Die zusätzliche Flexibilität, einen Termin vereinbaren zu können, bietet die Möglichkeit, Interviewpartner einzubeziehen, die normalerweise nicht vor Ort verfügbar wären. Darüber hinaus werden durch die Vermeidung von Reisen Planungseinschränkungen beseitigt und unnötige Reisekosten vermieden.

Risiken von Remote Audits

Dennoch gibt es einige Risiken, die Sie nicht ignorieren können. Die im Remote-Audit verwendete Technologie kann ausfallen oder die im Namen des geprüften Unternehmens beteiligten Personen verfügen nicht über die nötigen Kenntnisse, um die Technologie zu nutzen. Dies kann dazu führen, dass ein Audit aus dem vorgegebenen Zeitrahmen gerät. Einige Prüfstandorte verfügen über eine **begrenzte Bandbreite** und WLAN-Konnektivität auf dem Gelände des geprüften Unternehmens. Dies kann zu Verbindungsverlusten oder Missverständnissen führen, wenn gesprochene Sätze Lücken aufweisen.

Einige Auditoren und Zertifizierungsstellen fühlen sich nicht wohl dabei, das erste Zertifizierungsaudit bei einem neuen Kunden als Remote-Audit durchzuführen. Die geprüfte Stelle ist unerfahren und kann aufgrund des emotionalen Elements der Prüfung verwirrt sein.

Ein weiteres Problem ist die **Vertraulichkeit und Cybersicherheit**, da eine Remote-Prüfungssitzung von Kriminellen gehackt werden könnte. Manchen geprüften Unternehmen gefällt der Gedanke nicht, dass Personen aus der Ferne auf ihre Netzwerke zugreifen.

Auch das Thema Datenschutz kann dazu führen, dass ein Remote-Audit abgesagt werden muss, wenn Bedenken hinsichtlich der Datenschutzgesetze (DSGVO) bestehen.

7.1.2.3 Remote Audit Kompetenz & Fähigkeiten

Ein Remote-Audit erfordert eine Reihe von Fähigkeiten sowohl vom Audit-Team als auch vom internen Team des geprüften Unternehmens:

- Kommunikation
- Soziale Kommunikationskompetenzen
- Kenntnis des Standards
- Remote-Audit-Fähigkeiten
- Analytische Fähigkeiten
- Persönliche Kompetenzen

7.1.2.4 Remote Audit Anforderungen

Damit ein Remote-Audit zuverlässig, vertrauenswürdig und kompetent durchgeführt werden kann, müssen einige wesentliche Voraussetzungen erfüllt sein:

- Internetverbindung mit zuverlässiger Bandbreite
- Verfügbarkeit der erforderlichen Hardware für Remote-Konferenzen
- Allgemeine Vereinbarung darüber, wie das Remote-Audit durchgeführt wird

- Sicherstellung des Nachweises, dass das Audit aus der Ferne durchgeführt wurde
- Vermeidung oder Lösung potenzieller Missverständnisse
- Der Auditor leitet die Gespräche
- Bei Bedarf können Experten an den Sitzungen teilnehmen
- Der Prüfer verfügt über ausreichende Kenntnisse über die Organisation selbst

Die Zertifizierungsstelle kann nur dann Remote-Audits von mehr als 30% zulassen, wenn die jeweilige Akkreditierungsstelle eine Bearbeitung erlaubt hat.

7.1.2.5 Remote Audit Vorbereitung

Die Vorbereitung auf ein Remote-Audit ähnelt der Durchführung eines Audits vor Ort. Dennoch möchte ich, dass Sie auf einige Aspekte vorbereitet sind.

Diese Kernelemente sollten auf beiden Seiten (Prüfer und geprüfte Stelle) bereitstehen:

- Bereiten Sie Ihre **technische Ausstattung** (*Mikrofon, Webcam, Lautsprecher, Internetanschluss, PC/Notebook/MacBook, LAN-Anschluss, Konferenzsystem*) vor.
- Bereiten Sie Ihren ausgewählten Raum vor, indem Sie ihn **rechtzeitig reservieren** und alle notwendigen Werkzeuge (*Notizblock, 3 verschiedene Stifte, ...*) bereithalten. Stellen Sie sicher, dass die Beleuchtung ausreichend ist. Vermeiden Sie Unordnung im Hintergrund oder im Raum, da dies sowohl den Prüfer als auch die geprüfte Person ablenkt.
- Informieren Sie alle Mitarbeiter der geprüften Organisation über den **Auditplan** und den Standort des Videokonferenzraums.

- Sammeln Sie **alle ISMS-bezogenen Dokumente als digitale Dateien** und ggf. gedruckte Dokumentenmappen, damit Sie beim Audit-Gespräch schnell auf das benötigte Dokument zugreifen können
- Wenn Ihre Organisation über einen **speziellen IT-Mitarbeiter** für die von Ihnen verwendeten Geräte verfügt, stellen Sie sicher, dass Sie dessen Kontaktdaten haben und dass dieser sich der Bedeutung des Audit-Ereignisses bewusst ist. Sie sind bereit, einzuspringen, um etwaige IT-Probleme zu beheben. Sie sind deine Kavallerie. Behandle sie gut.

Manche Prüfer verwenden gerne 2 Kameras und 2 Monitore. Beachten Sie, dass einige Prüfer möglicherweise nur ihr Notebook-Display verwenden oder gerne an einem gebogenen 34-Zoll-Monitor arbeiten.

Möglicherweise stellen Sie fest, dass die Arbeit an einer ISMS-Dokumentation **sehr ermüdend** sein kann. Deshalb verwende ich einen 34-Zoll-Curved-Monitor mit HDMI. Die meisten Notebooks und MacBooks können an solche Monitore angeschlossen werden. Wenn Sie eine Bluetooth-Tastatur und -Maus verwenden, denken Sie daran, diese vor dem Audit-Ereignis aufzuladen.

Beachten Sie, dass diese schönen Monitore häufig keine integrierten Lautsprecher haben. Dies ist jedoch kein Problem, da Sie die Lautsprecher Ihres Notebooks verwenden können. Wenn Sie ein kabelgebundenes oder Bluetooth-Headset verwenden, werden Sie ohnehin keine Audioprobleme haben (testen Sie es vor dem Audit-Datum, wenn Sie neue Geräte gekauft haben).

Sollten Sie nur über ein 15- bis 17-Zoll-Notebook-Display verfügen, ist das kein Grund zur Sorge. Der Bildschirm des Auditors passt sich an und zeigt Ihren Bildschirm nur in Ihrer Anzeigeeinstellung an. Wenn Sie einen Desktop-Computer verwenden, müssen Sie zusätzliches Zubehör kaufen. Wenn Sie in wirklich gutes Zubehör investieren möchten, können Sie Elgato FaceCam, Wave3 und deren Beleuchtungsausrüstung verwenden. Sie funktionieren gut mit Microsoft Windows 7 bis 11.

Andere Prüfer schlugen auch vor, zwei Bildschirme zu verwenden, wenn Sie keinen großen 34-Zoll-Bildschirm haben. Nutzen Sie einfach einen Bildschirm für die Videokommunikation und einen für die Dokumente, die Sie gerade besprechen. Meiner Meinung nach richten Sie Ihren Arbeitsplatz so ein, dass er wirklich Ihren persönlichen Vorlieben entspricht. Unsere Vorschläge basieren lediglich auf Erfahrung und unseren persönlichen Vorlieben.

7.1.2.6 Durchführung des Remote Audit

Während der Prüfung müssen Sie mit bestimmten Aktivitäten rechnen, die auf der Branche und dem Risikoprofil Ihres Unternehmens basieren. Wenn Sie in einem Dienstleistungssektor mit geringem Risiko tätig sind, sind dies die drei Punkte, auf die der Prüfer achten wird:

- Dokumentation des Managementsystems
- Serviceprozesse
- Ort der organisatorischen Aktivität

Wenn Sie Produkte entwickeln, achtet ein Prüfer auf diese drei Kernpunkte:

- Dokumentation des Managementsystems
- Produktentwicklungs- und Support-Service-Prozesse

- Ort der Entwicklungsaktivität

Diese Punkte werden mithilfe von Videokonferenzplattformen (*wie MS Teams, Zoom, Google Meets und Cisco WebEx*) überprüft und besprochen. Plattformen wie Skype, WhatsApp und Meta Messenger sind für schnelle Benachrichtigungen akzeptabel, jedoch nicht für die Diskussion von Prüfungsinhalten.

In Zeiten von Open-Source- und plattformunabhängigen Systemen nutzen Unternehmen möglicherweise Jitsi, „Big Blue Button" oder andere Tools. Machen Sie sich mit den Desktop- und Dokumentenfreigabefunktionen des gewählten Videokonferenzsystems vertraut. Vereinbaren Sie vorab ein Testgespräch mit einem Teammitglied, um die verschiedenen Funktionen zu testen.

7.1.2.7 Arbeitsschritte nach dem Remote Audit

Nach Abschluss der Prüfung muss der Prüfer seinen Prüfungsbericht verfassen. Manche Leute neigen dazu, ein Video aufzunehmen, aber das ist nicht wirklich eine effiziente Methode, da man sich das gesamte Gespräch noch einmal anhören muss. Daher ist es am besten, sich Notizen zu machen, wie Sie es auch bei einem Vor-Ort-Audit tun würden.

7.1.3 Nach dem ISO 27001 Audit

Nachdem der Auditor Ihr Firmengelände endlich verlassen hat, werden Sie sicherlich aufatmen. Machen Sie sich ein paar Notizen, bevor Sie nach Hause gehen. Ihr nächster Arbeitstag wird darin bestehen, Ihre **Erkenntnisse zu überprüfen** und Ihre eigene vorläufige Aufgabenliste zu erstellen.

Möglicherweise hat Ihnen der Auditor bereits einen Überblick über die Abweichungen und Beobachtungen gegeben. Beginnen Sie mit der Entwicklung von Ideen, wie Sie die **Schwachstellen produktiv beheben** und die **Empfehlungen**, die Sie während des Audits erhalten haben, nutzen können. Sie müssen Korrekturmaßnahmen entwickeln und zuverlässige Wege finden, um diese notwendigen Änderungen umzusetzen.

Verstehen Sie Ihre Ergebnisse

Sobald Sie eine ausführliche Zusammenfassung Ihres aktuellen Stands erhalten haben, müssen Sie sich Zeit nehmen, um die Relevanz und die Ursache des Problems zu verstehen. Es ist notwendig, die Ergebnisse des Audits zu verstehen, da Sie sonst Energie und Budget für eine unzureichende Reaktion auf die Nichtkonformitäten verschwenden. Es kann sogar sein, dass Sie Empfehlungen falsch umsetzen und sich dadurch sogar neue Abweichungen verschaffen.

Wo sind Sie am besten?

Wenn Sie die Auditergebnisse durcharbeiten, werden Sie auch feststellen, dass Sie in einigen Schlüsselbereichen tatsächlich gut sind. Prüfer suchen nach den Stärken und Schwachstellen in der Sicherheit einer Organisation.

Möglicherweise haben Sie Verfahren sogar sehr gut implementiert, sodass Sie für Ihre eigene Organisation eine Best Practice entwickelt haben. Vielleicht können Sie diese Erkenntnisse nutzen, um einen standardisierten besten Ansatz für den Umgang mit Ihren Schwächen zu entwickeln.

Bereich der Nichtkonformitäten

Möglicherweise gibt es Probleme bei der Implementierung des ISO 27001-Standards. Der Auditor wird diese Schwachstellen als Nichtkonformitäten hervorheben. Suchen Sie nach Empfehlungen, wie Sie diese Schwachstellen verbessern können.

Einige Prüfer bieten eine Anleitung mit einer schrittweisen Beschreibung zur Behebung dieser Mängel. Beachten Sie, dass einige Akkreditierungs- und Zertifizierungsstellen es Auditoren nicht gestatten, eine so detaillierte Beschreibung zur Behebung Ihrer Schwachstellen bereitzustellen.

Risikobewertung

Wenn Sie einen Bericht mit einer Risikobewertung erhalten, können Sie sehen, wie gut Sie geschützt sind. Für jeden Bereich erhalten Sie Noten bzw. Punkte oder farbige Noten. Nutzen Sie diese Funktion, um Ihre Aktivitäten zu priorisieren und alle Schwachstellen oder Inkonsistenzen zu beheben.

Planen Sie, wie Sie das Problem reparieren können

Nachdem Sie nun verstanden haben, was schwach, kaputt oder verwirrt ist, planen Sie, wie Sie diese Bereiche reparieren können. Erstellen Sie einfach eine kurze Liste der Schwachstellen und problematischen Bereiche. Anschließend wird daran gearbeitet, die detaillierte Beschreibung des Problems und der Ursache zu erweitern.

Erläutern Sie dann, wie Sie das Problem Ihrer Meinung nach reparieren müssen. Holen Sie Feedback von Fachexperten in Ihrer Organisation ein und bitten Sie dann alle, an der Behebung der Probleme zu arbeiten. Sobald der Prüfer zurückkommt, erwartet er, dass Sie Ihre Hausaufgaben gemacht haben!

7.2 Kernaspekte während des Audits

Wichtige Aspekte bei der Beurteilung:

- Umfang der Bewertung
- Methodik des Prüfers

Wenn Sie den Umfang des Audits verstehen, wissen Sie, worauf Sie mehr achten müssen, da einige Systeme nicht Teil der Bewertung sind. Der Umfang hilft dem Prüfer und der Organisation, fokussierter zu sein und gleichzeitig die Verschwendung von Ressourcen zu vermeiden.

Die Methodik des Prüfers stellt sicher, dass die Prüfung konsistent und objektiv durchgeführt wird. Dadurch kann der Prüfer seine **Wünsche, Fragen, Feststellungen** und Anmerkungen produktiv kommunizieren. Der Prüfer erwartet, dass die Organisation seinen Informationsanfragen **innerhalb einer angemessenen Frist** nachkommt. Er muss viele Informationen und Dokumente verarbeiten. So viele **Richtlinien, Verfahren, Kontrollen** und Aufzeichnungen müssen innerhalb einer begrenzten Zeit bewertet werden.

Je weniger **Widerstand** die Organisation zeigt, desto mehr Zeit steht zur Verfügung, um Erkenntnisse aus der umfangreichen Erfahrung des Prüfers zu gewinnen.

7.3 Typische Herausforderungen und Fallstricke vermeiden

Typische Herausforderungen und Fallstricke lassen sich wie folgt zusammenfassen:

- Unvollständige oder veraltete Dokumentation
- Mangelndes Verständnis der ISO 27001-Anforderungen
- Unzureichende Vorbereitung
- Unzureichende technische Kontrollen
- Mangel an kontinuierlicher Verbesserung
- Inkonsistente interne Auditdokumentation
- Fehlende Identifikation und Behandlung von Chancen

Es wird für Sie von Nutzen sein, die folgenden Erkenntnisse durchzugehen und herauszufinden, warum sie Unternehmen, die das ISO 27001-Zertifikat erwerben möchten, so viele unnötige Probleme bereiten.

7.3.1 Unvollständige oder veraltete Dokumentation

Als Sie mit der Arbeit an Ihrer ISMS-Dokumentation begannen, sammelten Sie viele Informationen und Aufzeichnungen. Wenn Sie Ihre Schreibfähigkeiten für **Implementierer** schrittweise weiterentwickeln, kann die Datenmenge leicht irrelevante, veraltete oder inkonsistente Dokumente verbergen.

<u>Tipp</u>: Wenn Sie etwas Zeit mit Ihren Schlüsselabteilungen verbringen, können Sie herausfinden, was sich geändert hat. Aktualisieren Sie die Dokumentation oder entfernen Sie veraltete Inhalte.

Stellen Sie vor der Begutachtung sicher, dass die Unterlagen vollständig sind. Unfälle können passieren. Das versehentliche Löschen von Absätzen oder das Vergessen, Inhalte aus einem zusammengeführten Dokument hinzuzufügen, kann zu Inkonsistenzen führen. Prüfer haben den Vorteil, dass sie Ihr Material in den letzten 12+ Monaten nicht hunderte Male gelesen haben.

Tipp: Sie werden blind gegenüber Ungereimtheiten. Lassen Sie Ihr Material von einer anderen Person Korrektur lesen.

Vergessen Sie nicht, die Dokumente, auf die Sie sich im ISMS beziehen, zu überprüfen. Möglicherweise wurden einige systembezogene Datensätze umbenannt, entfernt oder sind verloren gegangen.

7.3.2 Mangelndes Verständnis der ISO 27001-Anforderungen

Wenn Sie ein ISO 27001-Projekt starten, recherchieren Sie zunächst, was erforderlich ist, um die ISO 27001-Zertifizierung zu erhalten. Ihr Material wächst und Sie können schließlich glauben, alles Notwendige zu wissen.

Es empfiehlt sich, eine **„ISO 27001 Implementer" Schulung** zu absolvieren, um kompetent zu sein und unangenehme Überraschungen bei der externen Beurteilung zu vermeiden.

Im schlimmsten Fall wird die Organisation herabgestuft, weil sie die Anforderungen des Standards nicht erfüllt. Sie müssen verstehen, wie Sie die Anforderungen in Ihren eigenen organisatorischen Kontext übersetzen können.

Aus diesem Grund ist der einfache Kauf einer Vorlage aus dem Internet der beste Weg, <u>um zu scheitern</u> oder eine Menge Budget für externe Berater zu **verschwenden**, die versuchen, die Inkonsistenzen der Vorlage zu beheben.

7.3.3 Unzureichende Vorbereitung

Das richtige Personal und die richtigen Ressourcen zu haben, klingt so logisch. Leider vergessen Unternehmen oft, alle Beteiligten und Mitarbeiter über die Daten zu informieren, wenn das Audit vor Ort stattfindet.
Wenn die erforderlichen Personen während des Audits nicht erreichbar sind, kann dies zu **unvorhergesehenen Problemen** führen. Stellen Sie außerdem sicher, dass die erforderlichen Personen in ihrem Zeitplan ein ausreichend großes Zeitfenster freigemacht haben, für den Fall, dass der Prüfer seine täglichen Interviews und Dokumentenprüfungen umplanen muss.

7.3.4 Unzureichende technische Kontrollen

Wenn Ihre technischen Kontrollen nur auf dem Papier, aber nicht in der betrieblichen Realität der täglichen Arbeit der Menschen stattfinden, werden Prüfer Inkonsistenzen erkennen. Ihre technischen Kontrollen müssen den Anforderungen der Norm ISO 27001 genügen.

Ihr Firmennetzwerk, Ihre Kernsysteme (z. B. Backup-Server, SIEM) und Anwendungen (z. B. ERP, CRM, ...) sind ordnungsgemäß gesichert. Ein schmutziger Serverraum macht keinen guten Eindruck. Reinigen und räumen Sie Ihre Schreibtische und Büroräume auf und reparieren Sie defekte Geräte. Defekte Steckdosen sind ein schlechter Vorgeschmack darauf, wie ernst Sie die Arbeitssicherheit nehmen.

7.3.5 Mangel an kontinuierlicher Verbesserung

Wie bei jeder normbezogenen Zertifizierung werden Sie bald feststellen, dass Sie in den nächsten Jahren regelmäßig auditiert werden. Mit ISO 27001:2022 wird von Ihnen erwartet, dass Sie Ihre **Dokumentation kontinuierlich aktualisieren** und an internen Verbesserungen arbeiten.

Wenn Sie sich nicht die Mühe machen, Ihr ISMS über einen Zeitraum von 12 Monaten zu pflegen, können Sie Ihre Mängel realistischerweise nicht innerhalb eines Wochenendes beheben. Das Überwachungsaudit führt dazu, dass der Prüfer eindeutig erkennt, dass Sie Ihre Organisation, Dokumentation und Sicherheit nicht verbessern.

Sie müssen einen Prozess einrichten, der nicht nur Ihre Sicherheit überwacht, sondern Sie auch an Ihre monatlichen Aktivitäten erinnert. Sie müssen Ihre Richtlinien, Verfahren und Kontrollen ständig überprüfen. Bei einem aktiven ISMS werden über den Zeitraum von 12 Monaten Verbesserungen und Veränderungen stattfinden.

Wie Sie der folgenden Abbildung entnehmen können, muss in Phase 1 ein ISMS eingeführt und nicht nur in dieser Phase, sondern auch in allen nachfolgenden Phasen kontinuierlich verbessert werden. Selbst nach erfolgreicher Zertifizierung Ihres ISMS ist es notwendig, regelmäßig nach Verbesserungspotenzialen zu suchen und diese umzusetzen (OFI).

7.3.6 Inkonsistente interne Auditdokumentation

Die Schwäche der internen Auditdokumentation ist ein typisches Problem, das Auditoren häufig während der Zertifizierungsaudits feststellen. Entweder ist der **Auditbericht zu kurz** und <u>unterstützt nicht das Ziel des Unternehmens</u>, das ISMS zu verbessern, oder die interne Auditdokumentation ist inkonsistent. Hierbei findet man möglicherweise einen Auditplan, der wichtige Abschnitte des ISMS nur unzureichend berücksichtigt.

Das **periodische Auditprogramm (PAP)** ist oft <u>nur</u> für **ein bis zwei** Jahre geplant. Idealerweise umfasst es die internen Audits für die <u>nächsten sechs</u> Jahre.

Eine weitere Schwachstelle solcher **Auditprogramme** liegt häufig in der Auswahl der Auditbereiche: Die nach dem Erstaudit geplanten internen Audits konzentrieren sich nicht klar auf bestimmte Abschnitte von Anhang A. Daher ist die Auswahl aller Bereiche von Kapitel 4 bis 10 und aller Bereiche von Anhang A **völlig übertrieben**. Auch die Auswahl von nur zwei Bereichen des Anhangs (z. B. A.7 und A.8) ist zu unkonzentriert. Abschnitt A.8 ist sehr umfangreich.

Daher ist es sinnvoller, aus A.5, A.6, A.7 und A.8 mehrere Bereiche auszuwählen (z. B. A.5.1, A.8.12, A.7.4 usw.).

Der Grund für diese Erwartungen liegt darin, dass der internen Revision **nur begrenzt Zeit zur Verfügung steht**, um das ISMS und dessen Wirksamkeit im Hinblick auf das tatsächliche Verhalten der Organisation zu prüfen.

Ein weiterer problematischer Aspekt interner Audits, der von internen Revisoren, Beratern, Zertifizierungsstellen und Akkreditierungsstellen kontrovers diskutiert wird, ist der Nachweis der **Kompetenz des internen Revisors**.

Oftmals erhalten Revisoren interne Auditberichte von ihnen unbekannten Personen. Hier wird es heikel, da der Zertifizierungsauditor einen Nachweis über die Kompetenz des **internen Auditors** benötigt. Da diese internen Auditberichte häufig keine Schulungszertifikate enthalten, muss der Revisor die Organisation bitten, einen **Kompetenznachweis** vom internen Revisor anzufordern. Diese Person ist oft Teil eines externen Dienstleisters (z. B. ein freiberuflicher Berater oder eine Unternehmensberatung).

Für die meisten erfahrenen Auditoren ist die Ausstellung von Schulungszertifikaten eine völlig normale Anfrage, die **keinerlei böse Absicht** beinhaltet. Unabhängig davon, ob der interne Auditor freiberuflich tätig ist oder in einer großen Beratungsfirma angestellt ist, erreicht das Zertifikat den Kunden in der Regel innerhalb weniger Tage. Leider reagieren manche Menschen auf eine solche Anfrage sehr merkwürdig.

Da viele Zertifizierungsstellen häufig Berater als freiberufliche Zertifizierungsauditoren beauftragen, übernehmen diese erfahrenen Auditoren oft auch Aufträge als interne Auditoren für ihre eigenen

Beratungsunternehmen oder Kooperationspartner. Für sie ist es selbstverständlich, dass man sich durch Schulungen, Projektarbeit und Prüfungen **kontinuierlich weiterbilden muss**. Bevor ein Freiberufler von einer Zertifizierungsstelle beauftragt werden kann, muss dieser Zertifizierungsauditor seine Kompetenz **nicht nur** durch einen Lebenslauf, sondern auch durch <u>Schulungszertifikate</u>, <u>Zertifizierungen</u> und **nachweisbare Berufserfahrung belegen**.

Die **Norm** fordert von internen Auditoren ein bestimmtes <u>Kompetenzniveau</u>, um ein internes Audit <u>ordnungsgemäß</u> durchzuführen. Sie **schreibt jedoch nicht vor**, dass diese Person eine Prüfung ablegen oder an einer Präsenzschulung teilnehmen muss.

Die Akkreditierungsstellen fordern von den Zertifizierungsstellen, dass sich ihre Auditoren nicht mit vagen Kompetenzbehauptungen zufriedengeben. Ein **Lebenslauf ist daher <u>kein ausreichender Nachweis für Kompetenz</u>**, Fachwissen oder sonstige Fähigkeiten zur Durchführung eines solchen internen Audits.

7.3.7 Fehlende Identifikation und Behandlung von Chancen

Immer wieder muss man feststellen, dass Organisationen sich besonders schwer tun bei der Behandlung von Chancen. Die Norm schreibt sowohl der Umgang mit Risiken als auch Chancen. Häufig setzen Unternehmen Vorlagen ein, die sich nicht mit Chancen auseinander setzen.

Bei Zertifizierungsaudits wird immer mehr ein verstärkter Blick auf die Identifikation und Behandlung von Chancen geworfen. Hier muss man eine Methodik definieren für den Umgang mit Chancen. Dazu muss man auch ein chancen-Register erstellen. Es ist nicht schwer, sofort beim Thema Chancen alles aus einer risikoorientierten

Perspektive zu betrachten. Wenn man die seltenen Texte liest, sollte die Geschäftsleitung eigentlich Chancen überhaupt aus dem Weg gehen, denn scheinbar sind die Risiken erschreckend. Dabei haben Chancen aus sehr positive Vorteile für eine Organisation.

Am besten mal die Vertriebsabteilung und die Marketingleute fragen, denn die haben von Haus aus ein positives Mindset. Sie sehen gute Chancen für Umsatz, Wachstum und neues Geschäft.

8 Branchenspezifische Hinweise

In diesem Abschnitt werde ich Ihnen einige wichtige Ratschläge für die Dienstleistungs-, Bildungs- und Fertigungsbranche geben.

8.1 ISO 27001 in der Luftfahrtindustrie

Die Luftfahrtindustrie besteht aus Flugzeugherstellern, **Fluggesellschaften**, Wartungs- und Schulungsanbietern sowie **Catering- und Betankungsdiensten**. Wenn es um die Verarbeitung von Daten geht, müssen wir uns darüber im Klaren sein, dass die Luftfahrtindustrie über ein breites Spektrum an Datentypen und -quellen verfügt.

Einerseits fallen im Personalbereich viele personenbezogene Daten aus **Schulung, Rekrutierung, Einstellung** und leistungsbezogenen Bewertungen an. Diese Art von Daten sind äußerst sensibel, da sie an eine Reihe von Personen gebunden sind.

Andererseits verarbeiten die **Buchungssysteme** von Fluggesellschaften viele Daten, wenn Kunden Flüge buchen, Upgrades kaufen oder aufgrund ihrer Reiseaktivitäten den Status eines Vielfliegers erlangen. Diese Daten können nicht nur zur Erstellung eines **Verhaltensprofils** genutzt, sondern auch von Kriminellen missbraucht werden.

Diese Daten werden nicht nur von den Fluggesellschaften, sondern auch vom Flughafen und den Sicherheitsdiensten verarbeitet. Daher können **Cyberkriminelle** eine Vielzahl von Einstiegspunkten finden, um an sensible Daten zu gelangen.

Zahlungstransaktionen werden eine Quelle für den Zugriff auf Kreditkartendaten sein, die im Dark Web an **Kreditkartenbetrüger** verkauft werden können. Da Passagiere ihre **Passdaten** angeben, muss die Fluggesellschaft diese sensiblen Daten an die Sicherheitsbehörden in verschiedenen Ländern weiterleiten.

Dies setzt sie (und alle, die an der Ermöglichung dieses komplexen Datenaustauschs beteiligt sind) dem Risiko von Datendiebstahl aus, der von Nachahmern und Betrügern ausgenutzt werden kann.

Aufgrund dieser Vielzahl an gefährdeten Einstiegspunkten müssen Fluggesellschaften und Flugzeughersteller von ihren direkten Zulieferern verlangen, dass sie ISO27001 in ihre betriebliche Realität integrieren. Aufgrund des zunehmenden Drucks auf diese Lieferanten wird dieser auch auf die eigenen Lieferanten und Dienstleister abgewälzt.

Daher muss sich eine **Personalvermittlungsagentur**, eine **Flugschule** oder ein **Caterer** nach ISO 27001 zertifizieren lassen.

8.2 ISO 27001 in Bildung & Erziehung

Die Bildungsbranche muss oft mit vielen Informationen von Studenten, Schülern, Mitarbeitern oder anderen Personen umgehen, denen sie Schulungen anbietet. Aus diesem Grund erwarten immer mehr Regulierungsbehörden von **Privatschulen**, Akademien, **Universitäten** und Schulungsanbietern (*inkl. Bildungsträger*), dass sie die ISO 27001-**Konformität** erreichen. Der Schutz der Daten der Schulungsteilnehmer ist aufgrund der Datenschutzgesetze und -vorschriften (DSGVO) eine Notwendigkeit.

Mit der Einführung von **NIS 2.0** hat die Europäische Union erkannt, dass auch der Bildungssektor ein wichtiger Bestandteil der Infrastruktur ist. Dies führte zu einem abgestuften Ansatz, bei dem eine als wesentlich eingestufte Organisation tatsächlich sicherstellen muss, dass ihre **Lieferanten und Subunternehmer** auch die EU-Vorschriften einhalten.

Wenn Sie also über eine Schulungseinrichtung verfügen oder eine **Lernmanagementplattform** (LMS) auf Basis des SaaS-Geschäftsmodells anbieten, müssen Sie ein ISO 27001-Zertifikat erwerben, um in Ihrer Nische wettbewerbsfähig zu bleiben.

8.3 ISO 27001 in der IT Branche

ISO 27001 ist ein immer wichtiger werdender Faktor für Unternehmen, die in der IT-Branche tätig sind. Unabhängig davon, ob es sich bei Ihrem Unternehmen um einen Hersteller von IT-Geräten, eine **Internet-Design-Agentur**, einen **Softwareentwicklungsdienstleister** oder einen Softwarehersteller handelt – Sie müssen nach und nach Ihre Zuverlässigkeit in Bezug auf die Informationssicherheit unter Beweis stellen.

Softwarehersteller und **E-Commerce-Softwareanbieter** sind ständig mit Schwachstellen im Quellcode, Hacking-Angriffen und IP-Diebstahl konfrontiert. Aufgrund des zunehmenden Bedarfs, die Entwicklung zu beschleunigen, müssen Unternehmen häufig externe Programmierer engagieren, die ihnen bei der Entwicklung von Komponenten für ihre Kernprodukte helfen. Wie in ISO 9001 erwartet auch ISO 27001 zusätzliche Anstrengungen, um F&E-Bemühungen vor Kompromissen zu schützen.

Internetanbieter und Rechenzentren haben ihre Abläufe bereits angepasst, indem sie ISO 27001 vollständig übernommen haben. Bei **IT-Dienstleistern** und **Managed Service Providern** sehen wir oft, dass diejenigen, die ISO 27001 übernommen haben, eine größere Chance haben, ihr Geschäft nachhaltig auszubauen.

Ein Zertifikat ist keine Eintrittskarte für schnelles Wachstum, da es große Sorgfalt beim Schutz sensibler Daten erfordert. Obwohl IT-Leute oft denken, dass ISO 27001 ein Thema ist, das nur den Experten der Informationstechnologie vorbehalten ist, unterschätzen sie, wie wichtig es ist, die Verantwortung für die Einführung der ISO 27001 der obersten Führungsebene des Unternehmens zu übertragen.

Dadurch besteht eine **größere Chance**, Zugang zu den notwendigen Ressourcen (Budget, Personen, Zeit, Ausrüstung und Priorität) zu erhalten.

8.4 ISO27001 in der verarbeitenden Industrie

Die verarbeitende Industrie verfügt über eine Vielzahl von Standards, die sie gewohnt ist, beispielsweise eine **Qualitätsmanagementdokumentation** auf Basis von ISO 9001. ISO 27001 verleiht einem Hersteller ein zusätzliches Maß an Geschäftskontinuität und **Zuverlässigkeit**.

Mit den steigenden Cyber-Risiken werden sich große Kunden der Bedrohungen bewusst, die ihnen schaden können, wenn sie unbeabsichtigt auf die Hilfe von Herstellerfirmen zurückgreifen, bei denen sie Produkte kaufen.

In der Automobilindustrie fordern Automobilhersteller zunehmend, dass ihre Zulieferer entweder eine **TISAX-Bewertung** oder ein **ISO 27001-Zertifikat** erhalten. Aufgrund des Mangels an TISAX-Assessoren erhalten Sie schneller einen Audittermin, wenn Sie sich für den ISO 27001 Weg entscheiden. Die Grundkonzepte sind ähnlich. Bedenken Sie, dass TISAX **detailliertere technische Details** dazu enthält, wie Sie sicherstellen, dass ein Hacker nicht in Ihre Datenumgebung eindringen kann.

8.5 ISO 27001 in der Dienstleistungsbranche

Die Dienstleistungsbranche verfügt über ein breites Spektrum an Bereichen, in denen Unternehmen zu unserem täglichen Leben beitragen können. Wenn diese Organisationen **sensible Daten verarbeiten**, können sie interessierte Parteien **unerwünschten Risiken** aussetzen. An dieser Stelle wird ISO27001 einen Keil zwischen zertifizierten Dienstleistern und denjenigen treiben, die den notwendigen Aufwand zum Schutz von Informationen Dritter einfach vermeiden.

Da die Automobilbranche auf Dienstleistungen von Unternehmen zurückgreift, die keine Automobilteile herstellen, kann der Bedarf an mehr Informationssicherheit **nicht optimal** mit dem TISAX-Ansatz gelöst werden. Aus diesem Grund bitten einige Automobilhersteller und eine Reihe kleinerer bis großer Dienstleister (z. B. *Internet-Marketing-Agenturen,* *Merchandise-Design-Unternehmen,* ***Personalvermittlungsagenturen, Druckereien***) um die Einrichtung eines ISMS. Darüber hinaus erwarten sie eine ordnungsgemäße Prüfung durch eine akkreditierte Zertifizierungsstelle.

Beratungsunternehmen kommen häufig mit sensiblen Informationen in Kontakt, die sich im Besitz ihrer Kunden befinden oder von diesen verwaltet werden. Manchmal lassen Firmenkunden Dienstleistungsunternehmen eine **NDA** unterzeichnen. Angesichts der erhöhten Risiken wird eine NDA Unternehmen nicht vor langfristigen wirtschaftlichen Verlusten aufgrund von Datenschutzverletzungen bei kleineren Dienstleistern schützen. Aus diesem Grund verbessern Unternehmensberatungen ihre Informationssicherheit zunehmend durch die Entwicklung einer eigenen ISMS-Dokumentation, bevor sie sich nach ISO 27001 zertifizieren lassen.

Traditionell werden **Marketingagenturen** als diejenigen angesehen, die sich mit Designthemen und Textinhalten befassen. In einer digitalen Welt konzentrieren sich solche Agenturen nicht mehr auf Offline-Marketing. Ihre Talente steigern auch die Umsätze ihrer Kunden im Internet und in den sozialen Medien. Hier können Verbraucher personenbezogene Daten übermitteln, um Produkte zu kaufen, an Preisverlosungen teilzunehmen oder Anfragen für Probefahrten und andere **verkaufsbezogene Interaktionen** einzureichen.

Dies ist ein Bereich, in dem personenbezogene Daten gefährdet sein und <u>den Ruf von Firmenkunden schädigen</u> können. Aus diesem Grund erkennen Agenturen, dass sie sich **von anderen unbekümmerten Wettbewerbern abheben** müssen, die nachlässig sind.

9 Mehr aus diesem Buch herausholen

Auf meiner Website können Sie auf eine Reihe zusätzlicher Materialien zugreifen, die ich als Ergänzung zu diesem Buch erstellt habe. Dieses Material umfasst **Checklisten, kurze Fragebögen** (verwenden Sie es für Ihre eigene Selbsteinschätzung), Einführungsvideos und zuvor aufgezeichnete Webinare. Die ergänzenden Inhalte sind auf Englisch und auf Deutsch:

https://meetchrisbartsch.com/supplement-iso27001-book

Bitte beachten Sie, dass die Inhalte auf der Zusatzseite regelmäßig aktualisiert und erweitert werden. Einige der **Checklisten** und kurzen Anleitungen benötigen Zeit, um aktualisiert und erstellt zu werden. Diese **Leitfäden** basieren oft auf Auditerfahrungen von Zertifizierungen, die in der EU und Nordamerika stattfinden.

Newsletter & kostenlose Webinare

Sie können sich auch für den Newsletter anmelden, um über neue Trends auf dem Laufenden zu bleiben. Da Webinare oft die einfachste Möglichkeit sind, **komplexe Themen zu erklären**, erhalten Abonnenten Zugang zu Live-Webinaren und Aufzeichnungen früherer Informationsaustausche.

Schulungen

Es gibt eine Schulung zum ISO 27001-Implementierer (siehe econry.de oder econry.com). Dennoch müssen Sie Zeit in das Erlernen der Details investieren, wenn Sie die ISMS-Dokumentation selbst schreiben möchten.

Wenn Sie über einen **beruflichen Wechsel** zum Auditor nachdenken, können Sie den Kurs ISO 27001 Auditor absolvieren (siehe econry.de oder econry.com). Das ist ein **Video-on-Demand-Training** zum Selbststudium auf Englisch.

9.1 Wie man Hilfe bekommen kann

Dieses Buch ist sehr detailliert in Bezug auf Strategie, Taktik, Umsetzung und Ausrüstung. Sie haben vielleicht gemerkt, dass Sie nicht unbedingt feststecken, sondern eine Art Orientierung brauchen.

Eine Abkürzung hilft Ihnen, Zeit und Energie zu sparen.

In der Vergangenheit habe ich Kunden aus der ganzen Welt beraten. Irgendwann wurde mir klar, was den **meisten Führungskräften fehlt**, um Informationssicherheit auf der Grundlage von Standards wie ISO 27001 *erfolgreich einzuführen*. Manche Leute versuchen, alles alleine zu machen, zögern aber irgendwann. Manche Leute folgen der Route nicht. Die meisten Menschen möchten sich auf ihre Kernaktivitäten konzentrieren, da ihre **Zeit und Personalkapazitäten begrenzt** sind. Sie möchten alle komplexen Aspekte solcher ISMS-Projekte einem vertrauenswürdigen Team überlassen.

Derzeit verfügen wir über eine begrenzte Anzahl von Konten, die wir verwalten. Daher nehmen wir pro Monat nur 5 neue Großkunden auf. Wenn Sie und Ihr Unternehmen erkennen, dass Sie Beratung benötigen, sollten wir ein Gespräch führen. Bitte beachten Sie, dass wir uns auf **bestimmte Branchen** und Geschäftsmodelle konzentrieren, die wir für eine Zusammenarbeit mit uns für geeignet halten. Diese festgelegten Kriterien stellen sicher, dass wir keine Kunden übernehmen, die wir nicht zum Erfolg führen können. Es ist absolut entscheidend, dass der Kunde in der Lage und bereit ist, aktiv an der Verwirklichung des Erfolgs mitzuarbeiten.

Sie erreichen unsere Beratungsteams auf folgenden Wege:
- info@acato.de oder via +49 89 540 410 70
- info@acato.co.uk oder via +44 1923 959 790

9.2 Autorenprofil

Der Autor dieses Buches ist in mehreren Ländern mit unterschiedlichen Geschäfts- und Fertigungsumgebungen aufgewachsen.

Nach dem Abitur in Deutschland absolvierte der Autor eine <u>Ausbildung zum Industriekaufmann</u> bei der **BMW** AG (München). Während dieser Zeit lernte er viele verschiedene Bereiche der Automobilbranche kennen. Dazu gehörte ein Trainee-Einsatz bei Australiens größtem BMW-Händler in **Sidney**, Australien. Er unterstützte den Leiter der Abteilung *„Elektrik, Elektronik und Klima"*. Während dieser Zeit war er an der Dokumentation der wichtigsten elektronischen Komponenten im Kernwissenshandbuch (auch bekannt als „Weißbuch") des neuen BMW-Modells (E46) beteiligt.

Nach seinem Informatikstudium und der Teilnahme am **Schulungsprogramm von Microsoft** arbeitete er bei einer ehemaligen Elektroniktochter von **SIEMENS**. Anschließend entwickelte er Software für den E-Commerce. Er arbeitete außerdem als Business-Intelligence-Berater für einen Microsoft-Partner und war Teil der Forensic Technology-Ermittlungseinheit von **KPMG**.

Später gründete er sein drittes Unternehmen: die ACATO GmbH. Bereitstellung spezieller **Forensik- und Desaster-Recovery-Dienste** für eine Vielzahl von Unternehmen und Regierungsbehörden. Sein Wissen stellt er auf zahlreichen Veranstaltungen verschiedener Sicherheitsdienste (z. B. **BKA Mobilfunk Fachtagung**, 2015), Hochschulen (**FH Aachen**, 2016) und Branchenkongressen (IHK Sicherheitstage, Helpdesk-Forum, …) zur Verfügung.

Schließlich wurde er beratendes Vorstandsmitglied einer **Venture-Investmentgesellschaft** in Amsterdam (NL), die seine forensische Expertise nutzte, um ihre Investitionen in neue Technologiebereiche zu **schützen**. Dadurch wurde er Vorstandsvorsitzender der Kerndienstleistungseinheit (Buchhaltung, IT, Beratung und Recht) in Warschau (Polen). Während dieser Zeit trug er auch zur Entwicklung von **Cybersicherheits- und ESG-bezogenen Bildungsprogrammen** für eine neue **Wirtschaftsakademie** bei. Dabei wird ein neuer Ansatz zur Auditorenausbildung für ISO 27001 entwickelt.

Infolgedessen expandierte sein deutsches Unternehmen dahingehend, KMU durch **Beratungs-, Schulungs- und Prüfungsdienstleistungen** dabei zu unterstützen, ihre Informationssicherheit zu verbessern. Jetzt erhalten Unternehmen in ganz Europa Hilfe bei der Entwicklung von ISMS-Dokumentationen und **Cybersicherheitsstrategien**.

Er ist außerdem **zertifizierter Lead Auditor**. Darüber hinaus ist er Teil von Auditteams mehrerer Zertifizierungsstellen (**DNV**, TÜV Süd, TÜV Nord, usw.) im **ISO 27001- und ISO 9001-Standard** (IT-Branche).

Christian trat mehrfach im nationalen Fernsehen in **Deutschland** (**Pro7, n-TV**) und **Südafrika** (GauTV) auf. Zu den **Radiointerviews** gehörten Sendungen auf **BR2** und der **Deutschen Welle**. Er war Teil von 2 Folgen der **Wissenschaftssendung** „Galileo", die auf dem europäischen Sender TV Pro7 ausgestrahlt wurde. Darüber hinaus wurden mehrere Artikel **in verschiedenen Magazinen** in Europa und den USA veröffentlicht.

Bei einem Gespräch mit **Apple-Mitbegründer Steve Wozniak** wurden seine Vorstellungen rund um Aus- und Weiterbildung von Steve bestätigt.

Mehr über den Autor und seine aktuellen Schwerpunkte erfahren Sie auf seiner Website unter **meetchrisbartsch.com**

Oder via LinkedIn: **www.linkedin.com/in/meet-christian-bartsch/**

9.3 Literaturverweise

Die folgende Literatur hat mir beim Schreiben dieses Buches geholfen und ich füge sie daher hier als Referenz hinzu:

Reichheld, F. (2006), *"The Ultimate Question – Driving Good Profits and True Growth"*, Harvard Business Review Press, ISBN 978-1-59139-783-0

Brenner, M., Gentschen Felde, N., Hommel, W., et.al. (2022), "Praxisbuch ISO/IEC 27001", Hanser Verlag, 4th Edition, veröffentlicht in 2022, ISBN 978-3-446-47395-9

Kersten, H., Reuter, J., Schröder, K.W., (2011), "IT Sicherheitsmanagement nach ISO 27001 und Grundschutz", Vieweg Teubner Verlag, 3rd Edition, veröffentlicht in 2011, ISBN 978-3-8346-1599-6

Koubeker, A., et.al. (2015), "Praxisbuch ISO 9001:2015", Hanser Verlag, 1st Edition, veröffentlicht in 2015, ISBN 978-3-446-44523-9

Normdokumente: IAF MD 5:2019, IAF MD 4:2018, IAF IS12:2015, DIN/EN ISO/IEC 17021-1:2015-11, DIN EN ISO 19011:2018-10, IATF 16949:2016-10

ISO 9001 Audit Practices Group (siehe „Guidance on remote audits")

Weber, Stefan (2021), *"Nachhaltigkeit im Blick"*, Creditreform Magazin, Edition 12, veröffentlicht in 12/2021 durch Creditreform

9.4 Andere Bücher von Christian Bartsch

The Sustainable Idea

Die Geschäftswelt wird immer komplexer. **ESG** wirkt sich auf die Geschäfts- und Finanzierungsaktivitäten von Unternehmen aus. Dieses Buch erklärt, wie Sie ESG **am besten nutzen** können, ohne in endlosen Zyklen der Erstellung von Papierkram zu versinken.

ISBN: 979-8-8330-3548-1

Information Security based on TISAX Strategies

Wenn Sie ein bevorzugtes Maß an TISAX-Konformität erreichen möchten, müssen Sie ein ISMS aufbauen, das an Ihr Unternehmen angepasst ist und die Anforderungen des Automobilindustriestandards erfüllt. Dieser Leitfaden erspart Ihnen und Ihrem Team viel Ärger.

ISBN: 979-8-8650-6265-3

Quality Management based on ISO 9001 Strategies

Wenn Sie die ISO 9001-Zertifizierung erlangen möchten, müssen Sie ein QMS aufbauen, das an Ihr Unternehmen angepasst ist und die Anforderungen der Norm erfüllt. Dieser Leitfaden erspart Ihnen und Ihrem Team viel Mühe.

ISBN:

Information Security based on ISO 27001 Strategies

Wenn Sie die ISO 27001-Zertifizierung erlangen möchten, müssen Sie ein ISMS aufbauen, das an Ihr Unternehmen angepasst ist und die Anforderungen des Standards erfüllt. Dieser Leitfaden erspart Ihnen und Ihrem Team viel Mühe.

ISBN: 979-8-8651-4150-1

www.ingramcontent.com/pod-product-compliance
Lightning Source LLC
Chambersburg PA
CBHW070347230526
45471CB00006B/2446